mieux
je me connais,
mieux
je me soigne

Collection « L'Existentielle ».

ISBN : 978-2-7029-2878-3

www.editions-tredaniel.com
info@guytredaniel.fr
www.facebook.com/tredaniel.reflexion
@tredaniel_reflexion

Daniela Silva Moura

mieux *je me connais,* mieux *je me soigne*

LE COURRIER DU LIVRE
27, rue des Grands-Augustins
75006 Paris

À mes patients, qui m'ont tout appris

SOMMAIRE

PARTIE III

Témoignages sur les effets de l'hypersensibilité transitoire ou chronique et processus mentaux impliqués dans la dégradation du bien-être psychique

PARTIE IV

Des conseils pour prendre soin de soi pour de vrai

PARTIE V

Des outils pour vous aider à prendre soin de vous

LES EXERCICES

INTRODUCTION

Santé mentale et bien-être psychique : de quoi parle-t-on ?

La santé mentale fait partie de ces grands sujets dont on reconnaît l'importance sans pour autant mettre les moyens suffisants pour s'en occuper. Éventuellement parce que ce sujet fait peur ; peut-être parce qu'il n'est pas confortable d'assumer le fait de se sentir concerné ; ou encore parce que, justement, comme tout le monde est probablement concerné, cela semble mériter d'être traité comme une banalité avec laquelle chacun devrait pouvoir se débrouiller (comme il peut) seul. Dans tous les cas, que ce soit au niveau public ou privé, la santé mentale reste bien souvent un domaine assez négligé et encore tabou.

Tout d'abord, il faut définir ce que nous entendons par « santé mentale ». D'après l'Organisation mondiale de la santé, la santé mentale se définit comme « un état de bien-être (psychique) dans lequel chaque individu réalise son potentiel, peut faire face aux stress normaux de la vie, peut travailler de manière productive et fructueuse, et est capable d'apporter une contribution à sa communauté». La santé mentale ne se limite donc pas à l'absence de troubles mentaux (dans le sens diagnostique et médical), mais comprend aussi bien la notion de bien-être psychologique, émotionnel et social que la notion d'adaptabilité (aptitude à répondre de manière cohérente et efficace aux différents défis de la vie, tout en conservant sa capacité à récupérer en énergie et à éprouver des émotions positives).

Quelqu'un qui va bien arrive à faire face aux différents défis auxquels il est exposé; trouve des stratégies et des solutions adaptées, tout en préservant sa capacité à récupérer en énergie physique et mentale, afin d'accéder à un sentiment de bien-être, de plaisir, d'utilité et de satisfaction suffisant dans la vie en général. Bien évidemment, nous sommes rarement à 100 %, mais, tant que l'envie de vivre, le sentiment de pouvoir réaliser des choses, d'aimer et d'éprouver du plaisir sont préservés, nous pouvons considérer que la santé mentale d'une personne n'est pas trop mauvaise.

Lorsqu'on se réfère à la santé physique, il va de soi que chacun de nous doit l'entretenir, la préserver, la cultiver ou la (faire) soigner lorsqu'elle manifeste des dysfonctionnements. Ce n'est que du bon sens. Pourtant, nous n'avons pas le même rapport à la santé mentale, et nous avons tendance à la considérer comme quelque chose d'un peu flou, d'abstrait, qui nous échappe. C'est une idée absolument fausse. Bien évidemment, cela peut paraître plus concret et plus facile de comprendre pourquoi il est utile de – et comment il faut – soigner son alimentation pour éviter les troubles digestifs. Toutefois, le psychisme se loge aussi dans un organe dont la complexité nous échappe encore, mais qui est aussi concret que notre estomac: le cerveau, siège de nos émotions, de notre conscience, de notre pensée. Malheureusement, la santé mentale est encore trop souvent considérée de manière radicale (tout ou rien): soit je dois aller bien, soit je dois avoir un trouble mental (et ça, personne ne le souhaite, ça fait trop peur).

La santé mentale s'évalue donc par rapport au sentiment de bien-être psychique, d'adaptabilité, et relativement au degré de souffrance. Plus notre capacité à fonctionner, à répondre de manière adaptée dans les différents secteurs de la vie, et à éprouver des émotions agréables se trouve réduite, plus notre bien-être psychique est menacé ; et, par conséquent, notre santé mentale est dégradée. Ce qui est troublant, c'est que, puisque la santé mentale reste enrobée par une sorte de tabou, nous l'abordons soit dans son extrême le plus inquiétant : les troubles mentaux caractérisés – ceux pour lesquels un suivi médical et psychothérapeutique est fondamental, ceux qui font peur dans l'imaginaire collectif (troubles bipolaires, troubles de l'humeur, troubles psychotiques…) –, soit de manière superficielle et masquée par des concepts dont l'hypersensibilité, l'hyperémotivité, la surdouance sont des bons exemples. Ainsi, chacun peut imaginer qu'il n'a pas un problème de santé mentale à « proprement parler », mais qu'il fonctionne différemment en raison de son hypersensibilité, son hyperémotivité, sa surdouance…, et que la difficulté de s'adapter aux différents aléas auxquels tout être humain est exposé n'est pas le reflet d'une santé mentale dégradée, mais l'expression d'une caractéristique personnelle et souvent atypique dont il n'est pas directement responsable.

Loin de moi l'intention de vouloir culpabiliser qui que ce soit. Nous avons tous un bagage tempéramental (d'ordre biologique) et un bagage caractériel (d'ordre adaptatif) qui vont faire germer des forces et des faiblesses du fonctionnement selon nos expériences individuelles. Nous ne sommes pas directement responsables d'avoir hérité de certaines fragilités ou caractéristiques psychiques qui nous rendent plus vulnérables – y compris l'hypersensibilité chronique, un quotient intellectuel plus ou moins élevé, un trouble neurodéveloppemental comme le TDAH (trouble de l'attention avec ou sans hyperactivité) ou les TSA (troubles du spectre de l'autisme) entre autres. De même, nous ne pouvons pas toujours choisir les événements douloureux auxquels nous serons exposés dans ce parcours qu'est la vie. Nous pouvons encore moins choisir la sécurité et la qualité des relations affectives établies avec nos proches depuis notre conception jusqu'au début de l'âge adulte… N'empêche que, une fois adultes, nous sommes les seuls responsables de l'état intérieur que nous cultivons. Attention ! Je ne dis pas que si vous souffrez de dépression, c'est votre faute. Je dis que vous êtes responsable de ce que vous pouvez faire pour vous-même avant, pendant et après votre dépression, même si ce n'est pas toujours facile.

Si j'insiste sur ce point – la notion de responsabilité –, ce n'est pas seulement en tant que psychologue, mais en tant qu'être humain ayant traversé aussi des périodes de mal-être psychique, y compris de dépression. Je n'ai jamais choisi de « faire » une dépression, mais j'ai été amenée à comprendre que pour m'en sortir et pour éviter d'y retourner il fallait que je me prenne en main, que je devienne responsable et actrice principale de mon bien-être psychique. Cette démarche, qui consiste à s'autonomiser, à se responsabiliser, n'exclut en aucun cas la demande d'aide, bien au contraire. Savoir demander de l'aide quand il le faut est une compétence fondamentale pour aller bien sur le long terme.

Nous avons tous le droit à la vulnérabilité, et nous avons aussi tous le droit de demander de l'aide. Mais nous avons la responsabilité de nous prendre en main pour aller vers ce qui est bon pour nous. Personne ne pourra le faire à notre place : ni nos parents, ni nos amis, ni notre partenaire, ni nos enfants, ni même notre psychothérapeute ou psychiatre. Si vous ne vous engagez pas avec vous-même et ne signez pas un contrat interne dont l'intention est de prendre soin de vous en faisant ce qu'il faut pour – même si cela exige des efforts (et de l'énergie) et quelquefois de l'aide extérieure, voire médicamenteuse –, vous serez toujours à la merci de vos états internes, ballotté par les vagues émotionnelles comme un bateau à la dérive.

Devenir acteur de sa santé mentale, c'est se responsabiliser. Se responsabiliser (et non se culpabiliser!), c'est ce qui nous rend adultes. Se sentir responsable de soi relève de l'amour de soi et du respect. Être adulte et responsable de soi, c'est reconnaître ses forces, ses faiblesses, et apprendre à les gérer avec autocompassion et bienveillance.

En empruntant une image souvent utilisée par ma collègue, formatrice et amie Stéphany Orain Pelissolo : un adulte qui sait qu'il peut faire quelque chose pour lui est un bateau qui peut être secoué par les vagues, mais qui reste « ancré à son port d'attache auquel il est possible de retourner pour y retrouver calme et stabilité ».

Dans ce livre, j'aimerais qu'il soit clair que, bien que personne ne puisse réellement choisir de ne pas développer certains troubles mentaux (tout comme on ne choisit pas de développer une appendicite), chacun est responsable de l'entretien général de son corps et de son esprit – dans un but préventif mais aussi curatif et d'entretien. La santé mentale, comme la santé du corps, est quelque chose dont il faut s'occuper chaque jour. Par ailleurs, le physique et le mental fonctionnent ensemble et communiquent entre eux. Il est aberrant de considérer la santé mentale comme moins importante que la santé physique. Le bien-être psychique n'est pas un luxe, c'est une condition nécessaire à la bonne santé mentale et à la santé tout court. À quoi cela sert-il d'avoir un corps qui fonctionne parfaitement bien si mes émotions m'empêchent de le mettre en mouvement, d'éprouver des choses, de vivre ?

Je n'ai pas l'intention ici d'invalider les étiquettes qui sont rassurantes pour certaines personnes. Cependant, les actions et les stratégies qui vous permettront de vous sentir mieux relèvent de votre propre responsabilité. Les mêmes efforts vous seront demandés. Je ne remets pas en question ces concepts ni ces étiquettes. Ce n'est pas l'objet de ce livre, et cela n'a pas d'utilité. Quelle que soit la manière dont vous choisissez de nommer votre difficulté, votre douleur est légitime, mais la responsabilité d'aller mieux n'est pas à l'extérieur de vous, bien au contraire.

Ainsi, lorsqu'une personne exprime sa souffrance, ce qui m'intéresse davantage, ce n'est pas la manière avec laquelle elle qualifie cette souffrance, mais plutôt comment elle la vit au quotidien, comment elle l'intègre dans sa réalité, comment elle la gère, et quelles sont les implications. Cette préoccupation clinique est particulièrement vive lorsque la souffrance évoquée en thérapie est liée à la présence sous-jacente d'un trouble tel que répertorié dans le Manuel statistique et diagnostique des troubles mentaux. Dans ces cas, si les symptômes sont aigus et sévères, il est certainement nécessaire d'envisager des approches médicales complémentaires et spécialisées. Cependant, il arrive que les difficultés évoquées en thérapie semblent découler d'autres facteurs, liés à une manière spécifique de percevoir, filtrer et réagir aux stimuli de la vie quotidienne, indépendamment de leur nature. C'est notre manière de nous mettre en relation avec les choses qui impactent notre santé mentale et plus rarement les choses en elles-mêmes.

Mon objectif est d'apporter soutien et étayage à ceux qui, pour diverses raisons, se sentent concernés par une certaine souffrance (peu importe comment ils choisissent de la nommer). Si vous vous identifiez par exemple comme hypersensible – un concept que je ne rejette pas mais que je requalifie (que cela soit basé sur des fondements neurophysiologiques ou non) –, il est important que votre vécu soit pris au sérieux et que vous receviez l'aide nécessaire. Si vous sentez que vous avez une détresse émotionnelle sans pour autant considérer que vous avez un problème de santé mentale, c'est OK, il y a de la place pour vous dans ce guide également.

Je n'ai pas l'intention de vous obliger à nommer votre souffrance de telle ou telle manière. Les étiquettes importent peu, en matière de travail psychothérapeutique. Ce sont les processus mentaux qui intéressent. C'est sur cette « manière particulière de fonctionner», qui entretient et/ou cause la souffrance, que nous devons nous pencher. Si vous avez eu un diagnostic, je vous invite donc à cesser de vous définir à travers celui-ci et de vous appliquer plutôt à reconnaître les processus mentaux, les caractéristiques de votre fonctionnement qui participent au trouble. Nous sommes tous des êtres humains concernés par des processus psychologiques universels. C'est l'expression comportementale de ces processus qui n'est pas la même, parce que, bien que nous partagions des processus en commun, nous sommes tous uniques dans l'expression de ce qui nous compose. C'est un peu comme le génome, finalement : nous avons tous des briques universelles, mais leur agencement et leur expression diffèrent d'un individu à un autre, générant la diversité qui fait de l'humanité ce qu'elle est.

À ce stade, il est clair pour vous que la souffrance psychologique et émotionnelle est l'expression d'une santé mentale qui se dégrade, pas forcément d'un trouble mental. Il faut imaginer un continuum entre ce qui peut être considéré comme un état de santé mentale optimal et la pathologie mentale, le trouble. Malheureusement, nous ne pouvons pas toujours éviter le trouble mental, car son origine est plurifactorielle et inclut aussi bien des dispositions génétiques, neurochimiques, neurodéveloppementales, sociales, environnementales que personnelles. Nous arrivons en ce monde avec des conditions plus ou moins favorables ; et même lorsqu'elles le sont, nous ne sommes pas à l'abri d'accidents de parcours pouvant entraîner de la souffrance et une bascule dans le trouble mental. L'objet de ce livre n'est donc pas de vous faire croire qu'il est possible de guérir tout seul de tout, et que tout est uniquement entre vos mains. Cependant, il est vrai que, quelle que soit votre condition mentale au moment où vous lisez ces lignes, il y a pratiquement toujours quelque chose qu'il est possible de faire pour aller un peu mieux soi-même ; même lorsque cela veut dire tout simplement aller chercher l'aide d'un professionnel spécialisé, en fonction de votre degré de souffrance.

Les acteurs de la santé mentale – psychiatres, psychologues et psychothérapeutes – sont complémentaires et aussi importants dans la prise en charge de votre santé mentale les uns que les autres. Il est important d'avoir à l'esprit cette notion de complémentarité. Parfois, lorsque la souffrance psychique devient impactante sur le plan fonctionnel et que nous sommes en fusion totale avec les émotions et pensées engendrées par l'état dans lequel nous sommes, lorsque les symptômes deviennent trop critiques et envahissants, l'aide psychothérapeutique à elle seule ne suffira pas, et le recours à l'avis du psychiatre sera indispensable pour la mise en place d'une aide médicamenteuse. Sans faire l'apologie des psychotropes, il ne faut pas oublier que, lorsqu'on va mal psychiquement, c'est au niveau du cerveau que cela se passe ; et non au niveau du cœur, comme on a envie de le croire.

Ce livre a donc pour but de vous permettre d'acquérir une meilleure connaissance des processus mentaux qui peuvent être à l'origine d'une dégradation de l'état de bien-être et, par conséquent, de la santé mentale. Par ailleurs, j'ai l'ambition de vous permettre de devenir un observateur plus éclairé de votre fonctionnement, avec une grande bienveillance envers vous-même. Si je peux vous aider à mieux vous aimer, tel que vous êtes, vous aurez déjà acquis un outil formidable. Bien entendu, je vous donnerai des outils, des exercices que vous pourrez utiliser selon votre besoin. En aucun cas, ce livre ou les exercices proposés remplacent un suivi médical et/ou psychothérapeutique. S'il suffisait d'un livre pour aller mieux, les étagères ne seraient pas en train de déborder de manuels de développement personnel et de tant de livres d'autosoin.

Nous sommes des êtres sociaux (même lorsqu'on a peu d'amis par choix), et notre état émotionnel est régulé et modulé par les interactions que nous avons avec les autres (et peu importe si elles sont superficielles, pour peu qu'elles produisent des émotions, des sensations). Il suffit de faire le test : disputez-vous avec n'importe qui, soyez désagréable et voyez comment vous vous sentez; ou bien rendez un sourire, utilisez l'humour, et voyez la différence. Là aussi, il s'agit de vous, et pas vraiment des autres. C'est un peu ce que l'on n'aime pas entendre, je sais, mais c'est une réalité: votre bien-être est une responsabilité qui vous appartient.

Ce livre s'adresse donc à toute personne se sentant concernée par des difficultés relatives à son bien-être psychologique, et qui veut continuer d'en prendre soin de manière pragmatique. Qu'une personne se reconnaisse comme hypersensible, compliquée, aux tendances dépressives, anxieuse ou autre chose, ces étiquettes ne sont pas l'objet de cet ouvrage. En réalité, il est temps de commencer à accepter qu'il est difficile de parler de bonne santé générale si, malgré l'absence de maladie physique, le mal-être psychique s'installe. Nous sommes tous susceptibles de traverser des états émotionnels intenses et de développer un mal-être à certains moments de notre vie. Cependant, chez certains individus, ces expériences peuvent prendre des proportions telles qu'ils se sentent submergés, bloqués dans leur vie et en souffrance. Dans ce livre, je partage mon expérience de presque vingt ans en tant que psychologue clinicienne. Je tenterai de développer ici ce que je transmets à mes patients en général lors de nos séances et selon leurs besoins. Il s'agit de vous donner des clés pour que vous puissiez gagner en autonomie dans la prévention des difficultés émotionnelles, et des outils pour aller mieux ou vous permettre de reconnaître la nécessité d'un accompagnement spécialisé lorsque cela est nécessaire.

Il est essentiel d'être réaliste: l'idée d'un bien-être psychologique instantané est une illusion. Certaines choses nécessitent une approche méthodique, sans sauter d'étapes, afin d'éviter de retomber dans les mêmes schémas. Prendre soin de soi en fait partie. Apprendre à mieux gérer ses émotions et sa sensibilité, à vivre en meilleure harmonie avec elles, et à cultiver l'acceptation personnelle sont des objectifs atteignables, même si cela exige un investissement personnel. Les outils présentés dans ce livre montrent que le chemin vers cet équilibre est plus court que vous ne le pensez et plus solide que ce que vous avez peut-être déjà essayé. Cependant, il est important de souligner que « court » ne signifie pas « instantané ». Acquérir un équilibre psychologique amélioré est un processus en constante évolution, construit sur des bases solides.

Ce livre est fondé sur les méthodes et les outils de la thérapie cognitive de troisième vague, incluant la méditation de pleine conscience dans une approche intégrative. Mon but est de vous offrir un guide pragmatique et accessible afin de vous aider à comprendre les processus sous-jacents à vos difficultés, pour que vous puissiez agir de manière efficace en fonction de votre situation. Mon souhait est de vous guider vers plus de sérénité, de vous aider à retrouver votre contrôle, votre confiance afin de cultiver, d'entretenir et de préserver un meilleur bien-être psychique.

Ce livre est divisé en cinq grandes parties pour une utilisation optimale. Dans la première partie, j'aborde les principaux domaines d'influence sur la santé mentale, et notamment l'intrication entre l'esprit (le cerveau, nos émotions) et le corps. L'objectif est de vous fournir les éléments de compréhension pour mieux saisir ce qu'il se passe en vous, prendre du recul par rapport à vos difficultés et mieux comprendre leurs origines et leurs mécanismes. La deuxième partie se concentrera sur l'illustration des principales difficultés et dysfonctionnements qui, s'ils ne sont pas pris en main, peuvent impacter votre santé mentale ou venir renforcer et entretenir des difficultés et des troubles préexistants. Je choisis d'aborder le concept d'hypersensibilité, pour illustrer ces difficultés qui peuvent concerner chacun de nous. Enfin, les troisième et quatrième parties présentent des témoignages, des explications, des outils d'autosoin psychique et des recommandations pratiques pour cultiver un mieux-être psychique. La cinquième partie rassemble des exercices et des outils pratiques vous permettant de travailler de manière plus spécifique sur certaines de vos difficultés. Cette structure vise à faciliter votre compréhension, et ainsi à explorer ce livre selon vos besoins et préférences.

Chaque page devrait constituer une avancée vers une meilleure connaissance de vous-même et vers des solutions réellement applicables à court et à long terme. Au-delà de la dimension psycho-éducative, mon souhait est que ce livre vous aide à accepter qui vous êtes réellement, indépendamment des étiquettes, et à reconnaître votre propre valeur à travers une connaissance approfondie de votre manière de fonctionner. Bien que nous ne puissions pas éliminer une sensibilité exacerbée, il est tout à fait possible d'apprendre à mieux coexister avec elle. J'espère que vous pourrez trouver dans cette lecture le point de départ d'une profonde transformation intérieure.

Il est désormais évident que le bien-être physique est intrinsèquement lié au bien-être mental, et vice versa. Cette idée est encapsulée dans la célèbre phrase latine attribuée au poète satirique Juvénal : « Mens sana in corpore sano » (« Un esprit sain dans un corps sain »), une sagesse ancienne attribuée également au célèbre médecin grec de l'Antiquité, Hippocrate.

Pour Hippocrate, la santé n'était pas simplement l'absence de maladie, mais plutôt un état d'équilibre et d'harmonie entre le corps et l'esprit. Selon ses principes, maintenir cet équilibre nécessitait une attention égale à la santé physique et mentale. Pour Hippocrate, la médecine devait non seulement traiter les symptômes physiques, mais aussi prendre en compte les aspects psychologiques et émotionnels de la santé d'une personne. Ainsi, Mens sana in corpore sano est devenu un principe fondamental de la médecine, soulignant l'importance de prendre soin à la fois de son esprit et de son corps, pour atteindre un état de bien-être optimal. Il est regrettable que, sous prétexte de modernité et de progrès, nous ayons souvent négligé cette logique ancienne, transmise aussi bien par les philosophes que par la sagesse populaire. Des dictons et des avertissements tels que « la nuit porte conseil », « tourner sept fois sa langue dans sa bouche avant de parler » illustrent cette sagesse qui encourage la prudence, la réflexion, la conscience et l'équilibre dans nos actions et nos interactions.

Ce guide vise également à vous aider à retrouver un lien avec la simplicité et la sagesse naturelles des choses, qui se manifestent presque instinctivement. Il ne s'agit pas de rejeter les avancées scientifiques ou intellectuelles, mais plutôt de réintégrer les enseignements du passé dans notre présent, en tirant le meilleur parti de chaque époque. Cela implique de fusionner les connaissances anciennes avec les découvertes modernes, afin de créer un équilibre harmonieux et d'adopter des pratiques mentales plus confortables, adaptées, justes, accessibles et naturelles.

À RETENIR

La santé mentale ne se limite pas à l'absence de troubles mentaux (dans le sens diagnostique et médical), mais comprend aussi la notion de bien-être psychologique, émotionnel, social et la notion d'adaptabilité (aptitude à répondre de manière cohérente et efficace aux différents défis de la vie tout en conservant sa capacité de récupérer en énergie et à éprouver des émotions positives). Plus notre capacité à fonctionner, à répondre de manière adaptée dans les différents secteurs de la vie, et à éprouver des émotions agréables se trouve réduite, plus notre bien-être psychique est menacé ; et, par conséquent, notre santé mentale est dégradée. Bien que personne ne puisse réellement choisir de ne pas développer certains troubles mentaux (tout comme on ne choisit pas de développer une appendicite), chacun est responsable de l'entretien général de son corps et de son esprit – dans un but préventif mais aussi curatif et d'entretien. La démarche qui consiste à s'autonomiser, à se responsabiliser n'exclut en aucun cas la demande d'aide, bien au contraire. Savoir demander de l'aide quand il le faut est une compétence fondamentale pour aller bien sur le long terme. Cela doit être clair pour vous : la souffrance psychologique et émotionnelle est l'expression d'une santé mentale qui se dégrade, pas forcément d'un trouble mental.

PARTIE I

L'essentiel à savoir sur ce qui impacte le bien-être psychique

LE LIEN CORPS-ESPRIT : COMMENT VOTRE CORPS ET VOTRE ÉTAT PSYCHIQUE S'INFLUENCENT-ILS MUTUELLEMENT ?

Influences bidirectionnelles entre le corps et l'esprit : cerveau, épigénétique et comportements

Notre cerveau est remarquable dans sa capacité à gérer une multitude de fonctions avec une efficacité optimale. Pour lui, réguler nos états émotionnels ne représente pas une priorité, mais plutôt un processus qui s'inscrit dans la recherche constante de l'homéostasie, c'est-à-dire l'équilibre entre les différentes fonctions corporelles (et, par extension, mentales). Cette quête d'équilibre et de cohérence ne garantit pas nécessairement notre bien-être. Par exemple, des pensées négatives peuvent entraîner des ajustements physiologiques, comme une augmentation de la tension artérielle ou du rythme respiratoire.

Des facteurs liés à la modulation de l'expression de nos gènes vont aussi participer activement à notre fonctionnement, et à notre état général – y compris psychique. Bien que les effets de l'épigénétique (domaine étudiant la modulation de l'expression des gènes) sur le bien-être psychique ne soient pas entièrement compris, nous savons aujourd'hui que des changements dans l'expression des gènes peuvent survenir sans altération structurale de la séquence d'ADN. Ces changements épigénétiques peuvent être influencés par divers facteurs environnementaux tels que le stress, l'alimentation, l'exercice physique, les expériences émotionnelles et même les relations sociales. Ils peuvent également jouer un rôle crucial dans la régulation du bien-être psychique.

Les relations sociales et l'environnement familial peuvent aussi avoir un impact profond sur le bien-être psychique, voire jusqu'au niveau épigénétique. Des études sur les jumeaux identiques ont montré que, bien que ces individus aient la même séquence d'ADN, leurs profils épigénétiques peuvent différer en fonction de leurs expériences de vie et de leur environnement. Les interactions sociales positives et un soutien émotionnel solide peuvent favoriser des modifications épigénétiques bénéfiques qui contribueront au bien-être psychique et pourront être préservées et transmises. Quelle que soit la manière dont vous choisissez de nommer votre difficulté, votre douleur est légitime, mais la responsabilité d'aller mieux n'est pas à l'extérieur de vous, elle vous incombe.

Des interventions simples, telles que l'exercice physique régulier, une alimentation équilibrée et des techniques de gestion du stress comme la méditation peuvent avoir un impact positif sur votre santé mentale, en modulant ces modifications épigénétiques. Par exemple, des études ont montré que l'exercice régulier pouvait influencer l'expression génique dans le cerveau, favorisant ainsi des effets bénéfiques sur l'humeur et le bien-être psychique.

Notre cerveau, partageant des caractéristiques avec d'autres mammifères, est gouverné par des mécanismes cérébraux primitifs mais efficaces, qui assurent notre survie. Cependant, il ne gaspille pas d'énergie pour des aspects non essentiels à cette survie. Ainsi, le bonheur, bien que recherché par chacun, n'est pas une nécessité biologique fondamentale, mais plutôt une quête personnelle continue. Des expériences précoces de vie, comme le stress pendant la petite enfance, peuvent induire des modifications épigénétiques durables qui affecteront la santé mentale à long terme.

Des études d'imagerie cérébrale ont suggéré des liens entre l'activation de certaines régions cérébrales et des difficultés affectant le bien-être psychologique et l'adaptabilité en général. Le tableau ci-dessous illustre ces liens, montrant comment l'activation excessive de certaines régions du cerveau pourrait impacter le bien-être psychique à travers des conséquences comportementales, cognitives et émotionnelles.

	Fonctions	Conséquences d'une suractivation transitoire ou chronique chez l'individu
Amygdale	Réception et évaluation rapide d'informations perçues par les sens, afin d'orienter les réactions comportementales. Joue un rôle de régulation des réactions de défense (fuir, faire le mort [figer] ou attaquer) face à la peur (la menace mais aussi tout ce qui nous préoccupe). (Cunningham W.A., Van Bavel J.J., Johnsen Haas I. « Affective Flexibility: Evaluative Processing Goals Shape Amygdala Activity », Psychological Science, 19(2), fév. 2008, p. 152-60.)	Propension à percevoir les informations venant de l'intérieur de soi ou de l'extérieur comme dangereuses, menaçantes ou hostiles. Un rapport au monde qui peut être méfiant ou vécu comme intimidant.

Cervelet	Va « mettre en forme » l'information sensorielle avant de la propager vers le cortex moteur. Il joue un rôle dans la proprioception, l'intégration et la modulation des informations sensorielles. (Math F., Kahn J.P., Vignal J.P., Neurosciences cliniques. De la perception aux troubles du comportement, De Boeck, 2008.)	Hyperstimulation sensorielle. Cette tendance peut favoriser l'épuisement cognitif et sensoriel, et peut également conduire à une mésinterprétation de sensations corporelles, qui peuvent devenir source d'inquiétude ou de gêne. Agitation/inhibition comportementale.
Cortex frontal	Renferme les centres de la mémoire, de la prise de décision, du raisonnement. C'est le chef d'orchestre qui va réceptionner et intégrer les informations venant des autres structures, pour les traiter via des processus de haut niveau impliquant des fonctions attentionnelles et exécutives telles que la sélectivité, la planification, la programmation, la résolution de problèmes et la prise de décision. (Henri-Bhargava A, Stuss D.T., Freedman M., « Clinical Assessment of Prefrontal Lobe Functions », Behavioral Neurology and Psychiatry, 24(3), juin 2018, p. 704-726.)	Pensent trop. Considèrent trop d'hypothèses à la fois sans pouvoir faire le tri ou les hiérarchiser. Difficulté à prendre des décisions ou à faire des choix. Sentiment d'être rapidement débordé, fatigue et surcharge mentale (pour « apparemment » pas grand-chose). Peuvent avoir tendance à la rumination et à l'anticipation anxieuse.

Insula	Impliquée dans le traitement des informations viscérales et les représentations des états somatiques. Rôle dans le circuit de la prise de décision en projetant des informations au cortex où les informations seront intégrées aux processus de jugement et de raisonnement. Rôle dans l'activation émotionnelle et l'empathie. (Boucher O., Citherlet D., Ghaziri J., et al., « Insula : neuropsychologie du cinquième lobe du cerveau », Revue de neuropsychologie, 9(3), 2017, p. 154-161.)	Hyperempathie. Une suractivation de cette structure cérébrale pourrait favoriser la prise de décisions orientées par l'état émotionnel et l'hyperpathie. Le vécu émotionnel pourrait se trouver intensifié, avec une expression émotionnelle disproportionnée par rapport à la situation. Des explosions émotionnelles (sans raison apparente) pourraient parfois être suscitées par des sensations comme la faim, la soif, la fatigue…

Ces structures cérébrales ne sont pas hyperactivées chez tout le monde, ni tout le temps. Normalement, des mécanismes neurochimiques en lien avec la réponse au stress viennent justement réguler ces réponses, ramenant l'individu à son état de base (à son ancrage), une fois la tempête passée.

La connexion entre notre corps et notre esprit présente une complexité multifacette. Par exemple, nous avons tous connu des moments où une simple grippe pouvait nous plonger dans un état de démoralisation profonde. À l'inverse, dans le monde du sport, il est fascinant de voir comment un état mental positif peut aider à surmonter les douleurs physiques. Pensez aux sportifs qui dépassent leurs limites grâce à une attitude combative. Les exercices de yoga du rire sont un autre exemple frappant. En adoptant délibérément une attitude joyeuse, même artificielle au départ, nous constatons une réelle amélioration de notre humeur. Nous finissons par rire sincèrement, même si le rire était initialement commandé et artificiel.

Cette dynamique complexe entre notre corps et notre esprit est exacerbée par la tendance naturelle des systèmes à évoluer vers un état de désordre, ou entropie. Notre cerveau agit en cherchant constamment à restaurer l'ordre et la cohérence. Il coordonne non seulement le rythme cardiaque et la respiration, mais aussi la qualité et la nature de nos pensées, afin que tout soit le plus cohérent possible. C'est là que cela devient vraiment intéressant. Notre capacité à penser, à analyser et à générer des idées crée une interférence entre le fonctionnement purement organique et notre conscience. Nous appellerons cette capacité « l'esprit », en écho au terme anglais « the mind ».

Le cerveau, cherchant systématiquement la cohérence (et non la vérité, ni forcément le plaisir), se concentre sur le maintien de l'ordre ; tandis que l'esprit, recherchant le plaisir et l'évitement de la douleur, néglige parfois le besoin de cohérence et la vérité (les faits). Le bien-être psychique émerge de l'équilibre entre ces deux tendances, respectant à la fois le besoin de cohérence du cerveau et le désir de l'esprit de se sentir bien. Inutile de vous dire que ce n'est pas chose facile à atteindre. C'est pour cette raison que la santé mentale, le bien-être psychique ne correspondent pas à un état constant de béatitude et de plaisir, mais plutôt à la capacité de s'ajuster, d'accueillir et de faire face à l'agréable autant qu'au désagréable, tout en restant en bon état général.

Cette quête de cohérence influence souvent nos émotions, nos sensations physiques et même nos comportements. Par exemple, si nous nous sentons mal disposés, nous sommes peu enclins à accepter une invitation à une soirée. Si cette humeur est basée sur des faits objectifs – comme une maladie ou du travail en retard –, notre refus est justifié. Cependant, si nos pensées négatives sont infondées, notre décision n'est plus justifiée, mais plutôt basée sur l'évitement du désagrément potentiel. Il est important d'insister ici sur le fait que « cohérence » n'est pas synonyme de « positivité ». Le cerveau veille à ce que nos pensées soient en cohérence avec ce qu'il se passe dans notre corps, et vice versa. Que cela génère un état global positif ou négatif importe peu. C'est la fonction de l'esprit, de notre jugement conscient, que de faire en sorte que cette cohérence organique ou physiologique rime le plus possible avec bien-être psychique et bien-être en général.

Malheureusement, ces automatismes engagés par le cerveau dans le but de garder la cohérence afin d'assurer la survie prévalent sur les volontés de l'esprit. Le bien-être psychique résulte d'un ensemble d'efforts conscients destinés à freiner ces automatismes. On peut dire que, pour réussir ce pari de se sentir bien de manière plus durable, il faut chevaucher son cheval, et non se laisser mener par lui.

En somme, notre compréhension de l'interaction entre notre corps et notre esprit souligne l'importance de cultiver un dialogue éclairé entre ces deux aspects de notre être, pour favoriser le bien-être et la santé mentale. Pourtant, cette quête de cohérence est souvent perturbée par nos désirs et nos aversions. Notre esprit (sans forcément tenir compte de la vérité) cherche à atteindre le plaisir et à éviter la douleur, influençant nos émotions, nos sensations physiques et nos comportements. Des pensées négatives peuvent nous pousser à éviter les situations perçues comme désagréables, même si cela est sans fondement objectif. Quand notre vie est orientée de cette manière, c'est le cheval qui chevauche, et non le chevalier. Cela veut dire que nous sommes à la merci des tendances et processus automatiques du cerveau, et que notre vie n'est pas vécue de manière pleinement consciente et éclairée.

Cette interaction entre le corps et l'esprit souligne donc l'importance de cultiver la conscience de nos pensées et de nos sensations physiques, pour nous aider à maintenir une cohérence interne favorisant notre bien-être global. Cela n'est possible qu'à travers une attitude consciente de régulation de soi. En comprenant et en honorant ce lien complexe, nous pouvons améliorer notre santé mentale et notre qualité de vie. Les modifications épigénétiques peuvent être transmises de génération en génération, et sont souvent influencées par l'environnement, les expériences de vie, le stress, l'alimentation et d'autres facteurs externes.

> À RETENIR
>
> Le bonheur, bien que recherché par chacun, n'est pas une nécessité biologique fondamentale. Réguler nos états émotionnels ne représente pas une priorité pour le cerveau, mais plutôt un processus qui s'inscrit dans la recherche constante de l'homéostasie. Cette quête d'équilibre et de cohérence ne garantit pas nécessairement notre bien-être. Des facteurs liés à la modulation de l'expression de nos gènes vont aussi participer activement à notre fonctionnement, et à notre état général – y compris psychique. L'imagerie cérébrale rend compte de liens entre l'activation de certaines régions cérébrales et des difficultés affectant le bien-être psychologique et l'adaptabilité en général. La connexion entre notre corps et notre esprit présente une complexité multifacette. Il est important d'insister ici sur le fait que « cohérence » n'est pas synonyme de « positivité ». Le cerveau veille à ce que nos pensées soient en cohérence avec ce qu'il se passe dans notre corps, et vice versa. Que cela génère un état global positif ou négatif importe peu. C'est la fonction de l'esprit, de notre jugement conscient, que de faire en sorte que cette cohérence organique ou physiologique rime le plus possible avec bien-être psychique et bien-être en général. Les automatismes engagés par le cerveau dans le but de garder la cohérence afin d'assurer la survie prévalent sur les volontés de l'esprit. Le bien-être psychique résulte d'un ensemble d'efforts conscients destinés à freiner ces automatismes. En comprenant et en honorant ce lien complexe, nous pouvons améliorer notre santé mentale et notre qualité de vie.

Les axes sympathique et parasympathique, et le nerf vague

La diversité des tempéraments humains est remarquable. Certains sont naturellement calmes ; d'autres, plus sujets au stress. Certains semblent être paralysés face aux difficultés ; tandis que d'autres se mettent naturellement en action ou se retirent dans leur coquille. D'où proviennent ces tendances ? Notre cerveau, générateur de pensées et de réponses émotionnelles, est constamment régulé par les informations transmises par les nerfs périphériques. Ces données sont évaluées rapidement et automatiquement dans un premier temps. Cette évaluation n'est pas vraiment consciente, à moins d'avoir appris à reconnaître ces tendances. De manière automatique et quasi instantanée (d'où le terme de « système nerveux autonome »), ces informations sont classées comme menaçantes ou non, afin d'orienter nos réactions dans un but adaptatif. Nos deux principaux faisceaux nerveux périphériques – le système sympathique et le système parasympathique – contribuent à ce processus, avec le nerf vague agissant comme régulateur dans le système parasympathique.

La théorie polyvagale, développée par le Dr Stephen Porges, est une conceptualisation complexe de la physiologie du système nerveux autonome (SNA) et de son rôle dans la régulation des émotions, des comportements sociaux et de la santé psychologique. Cette théorie repose sur l'idée que le SNA n'est pas simplement divisé en deux branches – sympathique et parasympathique –, mais comprend également le nerf vague et ses différentes fonctions. Selon Porges, le nerf vague serait crucial dans la modulation des réponses sociales et émotionnelles.

Le premier aspect clé de la théorie polyvagale est la notion de « hiérarchie neurovégétative », qui suggère que le système nerveux autonome évolue dans des états distincts en réponse aux stimuli environnementaux. En situation de sécurité, le SNA favorise le fonctionnement parasympathique ; ce qui permet une relaxation, une meilleure intégration émotionnelle et une connexion sociale. En revanche, en cas de menace perçue, le SNA active le système sympathique pour préparer l'organisme à la lutte ou à la fuite ; ce qui favorise l'hypervigilance, l'impulsivité, et complique la connexion sociale et l'intégration émotionnelle des expériences. Dans le cas où aucune de ces réponses ne serait efficace – dans le sens où elles ne préserveraient pas suffisamment (dans une limite tolérable) l'intégrité physique et psychique de l'individu –, le SNA peut déclencher une réponse de freeze, ou « immobilisation ». Dans ce cas, des réactions de déconnexion émotionnelle, d'inhibition cognitive et comportementale, de repli et d'isolement seraient favorisées.

Un autre aspect essentiel de la théorie polyvagale est son lien avec les interactions sociales et les troubles psychologiques. Porges suggère que les individus qui ont une fonction vagale altérée peuvent avoir des difficultés à s'engager dans des interactions sociales, ou à réguler leurs émotions. Ces idées ont des implications importantes pour la compréhension et le traitement des troubles tels que l'anxiété, la dépression et les troubles de l'attachement.

Enfin, la théorie polyvagale a des implications pratiques dans de nombreux domaines, y compris la psychothérapie, la pédagogie et la santé mentale. En comprenant les mécanismes sous-jacents de la régulation émotionnelle et sociale, il est possible de concevoir des interventions plus efficaces pour nous aider à surmonter les difficultés liées à la régulation émotionnelle et à améliorer le bien-être général.

La théorie polyvagale offre une perspective novatrice sur le fonctionnement du système nerveux autonome, et sur son impact sur nos interactions sociales, nos émotions et notre santé mentale. En somme, même s'il est réducteur d'imaginer un mode de fonctionnement binaire chez l'être humain, nous avons souvent une prédisposition, une tendance, qui nous oriente plutôt vers une réponse sympathique ou parasympathique. Bien que les raisons précises de nos tendances sympathiques ou parasympathiques ne soient pas totalement démontrées de façon empirique, notre environnement dès la petite enfance semble jouer un rôle déterminant. La qualité des relations affectives et des expériences vécues influence notre réponse au stress, modulant ainsi notre fonctionnement émotionnel et comportemental tout au long de notre vie.

Je dis souvent à mes patients que nous pourrions nous comparer à des tortues marines, qui retournent là où elles sont nées pour pondre leurs œufs à l'âge adulte, malgré les dangers. De même, nous avons tendance à vouloir retrouver ce qui nous est familier depuis notre plus jeune âge, notre « berceau émotionnel », où notre réponse – sympathique ou parasympathique – a été façonnée. Cependant, inutile de désigner nos parents et grands-parents comme responsables de nos difficultés actuelles. Eux aussi ont eu leur héritage. En fin de compte, c'est à chacun de comprendre ses schémas et d'entreprendre les efforts nécessaires pour les changer.

Ce n'est pas toujours facile à entendre, mais, adultes, nous sommes les seuls responsables de ce qu'il se passe en nous. Si nous ne pouvons pas toujours contrôler ce qui nous atteint depuis l'extérieur, il est de notre responsabilité de décider de la meilleure manière de réagir par rapport à cela. Nous ne sommes pas maîtres des événements, mais nous pouvons apprendre à maîtriser nos réactions émotionnelles et la nature de nos pensées, afin de rapprocher notre être d'une cohérence qui soit respectueuse à la fois des besoins du corps et de ceux de l'esprit.

Je mets en garde contre toute mésinterprétation de mes propos. Je ne dis pas que nous ne pouvons pas être victimes de grands drames, et porteurs de traumatismes importants. Simplement, une fois que nous prenons conscience de ce qu'il s'est passé, il est inutile de continuer à graviter autour de sa propre douleur. Il est nécessaire de choisir volontairement de porter son regard au-delà des marges de sa souffrance. La résilience est le résultat d'une décision et d'une volonté consciente de dépasser sa souffrance en faisant des choix conscients, à l'intérieur comme à l'extérieur de soi. Transcender sa souffrance n'est pas faire comme si elle n'avait jamais été là. C'est l'utiliser en tant que levier pour vivre autre chose, en élevant tout son être à travers l'expérience que l'on décide de faire du présent.

Comprendre comment notre corps, notre comportement, nos pensées et notre bien-être sont liés est la première étape essentielle vers le changement. En développant notre capacité d'auto-observation, nous pouvons mobiliser les ressources nécessaires pour transformer notre façon de fonctionner.

Dans notre monde actuel, nous sommes souvent confrontés à des situations qui favorisent les réponses liées au stress, activant ainsi l'axe sympathique. Il devient de plus en plus rare de se promener dans la rue de manière détendue ou de ne rien faire sans se soucier. Nous sommes constamment pris dans un tourbillon d'activités, de pensées, de comportements, d'actions et de volontés ; et nous prenons rarement le temps de simplement observer le moment présent. Plus tard, nous explorerons comment restaurer cette capacité à nous arrêter, à observer l'instant présent et à saisir les opportunités offertes, dans le véritable esprit du carpe diem.

Le nerf vague est l'un des nerfs crâniens les plus importants du système nerveux autonome. Il est impliqué dans la régulation des émotions, notamment en influençant la réponse du corps au stress. Il est impliqué dans la régulation de la fréquence cardiaque, de la respiration et de la digestion – des fonctions qui sont toutes influencées par notre état émotionnel. Sa fonction est liée à la réponse de relaxation du système nerveux parasympathique, qui agit comme un contrepoids au système nerveux sympathique, responsable de la réponse de lutte ou de fuite.

De manière plus spécifique, le nerf vague participe à la régulation des émotions, en modulant l'activité des centres cérébraux impliqués dans le traitement des informations émotionnelles, tels que l'amygdale et le cortex préfrontal. En régulant ces processus physiologiques, le nerf vague aide à promouvoir un état de calme et de détente ; ce qui peut favoriser une meilleure gestion du stress et des émotions.

À RETENIR

La diversité des tempéraments humains est remarquable. Notre cerveau est constamment régulé par les informations transmises par les nerfs périphériques. De manière automatique et quasi instantanée, ces informations sont classées comme menaçantes ou non, afin d'orienter nos réactions dans un but adaptatif. Nos deux principaux faisceaux nerveux périphériques – le système sympathique et le système parasympathique – contribuent à ce processus, avec le nerf vague agissant comme régulateur dans le système parasympathique. La théorie polyvagale suggère que le système nerveux autonome évolue dans des états distincts en réponse aux stimuli environnementaux. Nous avons tendance à vouloir retrouver ce qui nous est familier depuis notre plus jeune âge, notre « berceau émotionnel », où notre réponse – sympathique ou parasympathique – a été façonnée. Le nerf vague participe à la régulation des émotions, en modulant l'activité des centres cérébraux impliqués dans le traitement des informations émotionnelles, tels que l'amygdale et le cortex préfrontal. En régulant ces processus physiologiques, le nerf vague aide à promouvoir un état de calme et de détente ; ce qui peut favoriser une meilleure gestion du stress et des émotions.

LE TRIO VITAL : LE SOMMEIL, L'ALIMENTATION ET L'ACTIVITÉ SPORTIVE POUR PRENDRE SOIN DE SOI

Pour bâtir une structure psychique stable, il est nécessaire de revoir l'intégralité de son système, des fondations jusqu'à la toiture. Il est important de garder à l'esprit que toute activité qui demande à votre cerveau de fournir une certaine quantité d'énergie pour rétablir la cohérence est perçue comme du stress. Dans l'idéal, le cerveau aspire à un état dans lequel une cohérence optimale puisse exister (sans que cela ne puisse jamais être possible en raison de l'entropie). Cela peut sembler paradoxal, mais c'est ce stress qui viendra moduler les efforts garantissant la survie. Sans stress, il n'y a pas de vie, en réalité ; mais il ne faut pas en abuser. Par exemple, augmenter le rythme cardiaque et la respiration pour gérer diverses fonctions corporelles lorsque les ressources sont disponibles, ou réguler certaines émotions, représente un niveau de stress (car demandant de l'énergie) tolérable pour le cerveau. Cependant, si vous ajoutez à cela le manque de sommeil, une alimentation et une hydratation insuffisantes ou inadéquates, vous imposez à votre cerveau un stress supplémentaire. Et le résultat sera d'autant plus catastrophique que l'intensité et la durée de ces privations et demandes supplémentaires seront importantes.

Assurer des besoins fondamentaux tels que dormir suffisamment, avoir un sommeil réparateur, manger et boire de manière saine et bouger son corps régulièrement est essentiel pour chaque être humain. En garantissant ces trois éléments, vous économisez considérablement l'énergie de votre cerveau, lui permettant ainsi de mieux gérer le stress lié aux événements extérieurs, aux pensées négatives et aux émotions difficiles que vous pourriez rencontrer. Il est donc impératif de reconnaître le rôle essentiel que jouent les fonctions de base dans le maintien de votre santé physique mais aussi mentale.

Le sommeil

Le sommeil est un processus vital qui régule un large éventail de fonctions physiologiques et mentales. Il est essentiel pour maintenir l'homéostasie du corps et permettre la récupération des ressources nerveuses. Le sommeil se compose de plusieurs cycles qui sont une séquence régulière et récurrente de différentes phases de sommeil se produisant tout au long de la nuit. Normalement, le sommeil suit un schéma de cycles qui se répètent toutes les 90 à 120 minutes environ. Chaque cycle se compose de plusieurs étapes distinctes, notamment le sommeil lent (ou sommeil non-REM), le sommeil profond et le sommeil paradoxal (ou sommeil REM[1]).

1 — « REM » signifie rapid eye movement (« mouvement rapide des yeux »). C'est une phase du sommeil caractérisée par des mouvements oculaires rapides, une activité cérébrale intense et la production de rêves. C'est une phase fondamentale pour la récupération, l'intégration et le traitement des informations.

Durant la phase de sommeil lent, le corps commence à se détendre, la température corporelle diminue légèrement, et le rythme cardiaque ralentit. Il est relativement facile de réveiller quelqu'un pendant cette phase. La phase de sommeil profond est plus réparatrice. Pendant cette phase, le corps se régénère, les muscles se détendent complètement, et les processus de récupération physique ont lieu. C'est aussi la phase où il est le plus difficile de réveiller quelqu'un. Pendant la phase de sommeil paradoxal (REM), l'activité cérébrale ressemble à celle de l'éveil, alors que les muscles du corps sont temporairement paralysés, à l'exception des muscles respiratoires et des muscles des yeux. C'est pendant cette phase que la plupart des rêves se produisent. Le sommeil REM est crucial pour le traitement et l'intégration des émotions et des expériences, ainsi que pour la consolidation de la mémoire.

Ce cycle va se reproduire plusieurs fois durant une nuit ; et, au fur et à mesure que la nuit avancera, les périodes de sommeil REM deviendront plus longues et plus fréquentes, tandis que les périodes de sommeil lent pourront diminuer. La durée et la structure des cycles du sommeil varient d'une personne à l'autre, et peuvent être influencées par divers facteurs tels que l'âge, le niveau de stress, les habitudes de sommeil et l'état de santé. Il faut, pour un adulte, quatre à six cycles de sommeil complets durant une nuit.

Une nuit de sommeil de qualité est garante d'une meilleure concentration, d'une mémoire améliorée, d'une fonction cognitive accrue et d'une régulation émotionnelle optimale. Un sommeil adéquat favorise les apprentissages, la clarté mentale et la capacité à analyser les informations de manière logique et cohérente. En revanche, un sommeil insuffisant peut entraîner une altération du raisonnement, une diminution de la vigilance et des difficultés à prendre des décisions.

Pendant le sommeil, le cerveau réorganise les informations nouvellement acquises, les classe et les stocke de manière durable dans la mémoire à long terme. Pendant le sommeil paradoxal (moment où des rêves sont produits) – ou REM –, le cerveau traite les émotions et les expériences vécues ; ce qui aide à réguler les réponses émotionnelles en intégrant les expériences qui les ont suscitées. Un sommeil de qualité favorise la stabilité émotionnelle, réduit le stress et améliore la résilience face aux émotions négatives. Un sommeil insuffisant peut aussi entraîner une hypersensibilité à certains stimuli ; ce qui peut perturber la perception et l'interprétation de l'environnement.

L'alimentation

L'alimentation joue un rôle crucial dans les processus neurophysiologiques et dans le bien-être général d'une personne, et influence directement la composition du microbiote intestinal. Celui-ci, composé de milliards de micro-organismes vivant dans notre tube digestif, joue un rôle essentiel dans la santé digestive, dans le système immunitaire et dans la santé mentale. Des recherches récentes ont mis en évidence le lien entre le déséquilibre dans le microbiote intestinal – appelé « dysbiose » – et les troubles de l'humeur tels que l'anxiété et la dépression.

Un microbiote intestinal sain est essentiel pour la production de neurotransmetteurs tels que la sérotonine, qui joue un rôle clé dans la régulation de l'humeur. La quantité exacte de sérotonine produite dans les intestins varie d'une personne à l'autre, et dépend également d'influences environnementales et génétiques. Cependant, on estime qu'en moyenne le tube digestif humain produit environ 90 à 95 % de la sérotonine totale du corps. La sérotonine intestinale joue un rôle crucial dans la régulation de divers processus physiologiques, y compris la motilité intestinale, la sécrétion d'eau et de mucus, en plus de la régulation de l'humeur et du comportement. La santé digestive et intestinale peut ainsi nous renseigner sur l'état mental de quelqu'un.

Les aliments riches en fibres prébiotiques – tels que les fruits, les légumes et les grains entiers – favorisent la croissance des bactéries intestinales bénéfiques. Les probiotiques, présents dans des aliments fermentés, peuvent également contribuer à maintenir un microbiote intestinal sain. En revanche, une alimentation riche en sucres ajoutés, en graisses saturées et en aliments transformés peut favoriser la croissance de bactéries intestinales nocives, et contribuer à la dysbiose.

Au-delà de son effet sur la qualité du microbiote, et donc de la production de la sérotonine, l'alimentation sert plus simplement à fournir de l'énergie. Le cerveau a besoin d'une quantité importante d'énergie pour fonctionner correctement, et les glucides en sont la principale source. Une alimentation équilibrée fournissant des glucides complexes, tels que des céréales complètes, des fruits et des légumes, peut aider à maintenir des niveaux d'énergie stables pour le cerveau. Certains nutriments, tels que les acides gras oméga-3, les antioxydants, les vitamines B et les minéraux comme le fer et le zinc, sont également importants pour la santé cognitive et le fonctionnement optimal du cerveau. Les oméga-3, par exemple, sont associés à une meilleure fonction cognitive, à la mémoire et à la concentration.

La dopamine – un autre type de neurotransmetteur essentiel, intimement lié à la sérotonine et à l'humeur – dépend également de la disponibilité de précurseurs alimentaires pour sa production. La dopamine et la sérotonine sont deux neurotransmetteurs essentiels, qui jouent des rôles clés dans la régulation de l'humeur, du comportement, de la motivation et d'autres processus neurologiques. Bien qu'ils agissent dans des régions différentes du cerveau et qu'ils aient des fonctions distinctes, ils sont étroitement liés et interagissent de plusieurs manières. Des déséquilibres dans ces neurotransmetteurs peuvent contribuer à des troubles de l'humeur tels que la dépression et l'anxiété. Les interactions entre eux peuvent influencer divers aspects du comportement, comme la motivation, la récompense et l'humeur.

Certains aliments fournissent les précurseurs pour la production de dopamine. En particulier, la tyrosine et la phénylalanine (acides aminés précurseurs de la dopamine), qui se trouvent dans le poulet, la dinde, la viande rouge, le poisson, les produits laitiers, les œufs, les noix et les graines, le soja, les graines de citrouille et les amandes. Certains antioxydants, comme les flavonoïdes présents dans les fruits et légumes colorés, peuvent également soutenir la santé neuronale et la production de dopamine, en protégeant les cellules cérébrales contre le stress oxydatif.

Comme les interactions corps-esprit ne sont jamais unidirectionnelles, il est important de noter que le stress peut aussi avoir un impact négatif sur la santé du microbiote intestinal. Le stress chronique peut augmenter la perméabilité intestinale ; ce qui peut entraîner une fuite de bactéries et de toxines dans la circulation sanguine, déclenchant une réponse inflammatoire et affectant la composition du microbiote. De plus, le stress peut également affecter les choix alimentaires, entraînant une préférence pour des aliments riches en gras et en sucre ; ce qui peut à son tour perturber l'équilibre du microbiote intestinal.

En somme, soigner notre alimentation et surveiller le bon fonctionnement de notre appareil digestif, ainsi que la qualité de notre transit intestinal, est fondamental si nous cherchons à entretenir sérieusement notre santé physique mais aussi psychique. De même, surveiller et œuvrer pour la réduction du stress (quelle que soit son origine) est tout aussi important.

L'activité physique

L'activité physique régulière est un élément essentiel d'un mode de vie sain, tant sur le plan physique que mental. Le sport et l'exercice contribuent à la régulation des ressources nerveuses en stimulant la libération d'endorphines (hormones du bien-être), et en réduisant les niveaux de cortisol (hormone du stress).

Des études ont montré que l'exercice régulier était efficace pour réduire les symptômes de l'anxiété et de la dépression, améliorer l'estime de soi, et favoriser une meilleure qualité de sommeil. De plus, l'engagement dans des activités physiques peut favoriser la socialisation, renforcer les liens et réduire l'isolement social ; ce qui est bon pour le bien-être psychologique global.

Les endorphines libérées durant une activité physique de haute intensité agissent comme des analgésiques naturels et peuvent induire une sensation de bien-être et de soulagement du stress. Les exercices d'endurance, impliquant un effort soutenu sur une période prolongée, déclenchent une libération significative d'endorphines. L'entraînement par intervalles à haute intensité (HIIT), qui alterne des périodes d'exercice intense et des périodes de récupération active ou de repos, peut également favoriser la libération d'endorphines.

Les entraînements en groupe ou compétitifs, comme le football, le basket-ball, le volley-ball ou le tennis, peuvent ajouter un élément social et de renforcement motivationnel, qui peut augmenter la libération d'endorphines en raison de l'interaction sociale et de l'excitation liée à la compétition. Danser sur une musique entraînante peut aussi augmenter la motivation et le plaisir, et, par conséquent, la libération de ces substances. Bien que le yoga et le Pilates ne soient pas aussi intenses que certaines autres formes d'exercice, leur pratique régulière peut néanmoins stimuler la libération d'endorphines en raison de l'attention portée à la respiration, à la posture et à la conscience corporelle.

Bref, il y en a pour tous les goûts, et vous n'avez pas de réelle excuse pour ne pas pratiquer une activité physique adaptée à votre condition régulièrement. Par ailleurs, l'activité sportive régulière améliore la santé cardiovasculaire, renforce le système immunitaire, réduit l'inflammation et favorise un poids corporel sain. Ces effets physiologiques contribuent à une meilleure santé globale ; ce qui peut avoir un impact positif sur le bien-être psychologique.

Les bénéfices de l'activité physique sont nombreux, et, en tant que pratiquante assidue, je ne peux que militer pour que tout le monde s'y mette. Le sport doit devenir votre allié dans la vie.

L'activité physique favorise le renforcement et la croissance musculaires ; ce qui améliore la force, l'endurance et la mobilité. C'est très important quand nous sommes jeunes, et encore plus pendant le vieillissement. Des muscles forts et fonctionnels sont essentiels pour maintenir une bonne posture, prévenir les blessures et favoriser l'indépendance fonctionnelle. Par ailleurs, une meilleure estime de soi et une perception plus positive de son image corporelle peuvent découler des changements esthétiques induits par la pratique sportive.

Aussi, l'exercice régulier stimule la neuroplasticité, favorisant la croissance et la connexion des neurones dans le cerveau. Cela peut améliorer les fonctions cognitives telles que la mémoire, l'attention et la concentration. De plus, l'exercice peut réduire le risque de développer des troubles neurologiques tels que la démence et la maladie d'Alzheimer. L'activité physique libère aussi des neurotransmetteurs comme la sérotonine, la dopamine et la noradrénaline, qui peuvent améliorer l'humeur, réduire l'an xiété et soulager le stress. La pratique d'un sport peut également servir de mécanisme de gestion du stress et de l'émotion, offrant une échappatoire saine et productive aux tensions quotidiennes.

À RETENIR

Le sommeil, l'alimentation et le sport jouent un rôle essentiel dans la régulation des ressources nerveuses, et contribuent de manière significative au bien-être psychologique. En intégrant ces éléments fondamentaux dans notre mode de vie quotidien, nous pouvons soutenir notre santé mentale, renforcer notre résilience face au stress et cultiver un sentiment de bien-être durable. Il est impératif de reconnaître l'importance de ces trois piliers de base, et de leur accorder l'attention et les soins nécessaires pour favoriser une vie équilibrée et épanouissante.

PARTIE II

Ce qui participe à la dégradation de l'état psychique

L'HYPERSENSIBILITÉ COMME ÉLÉMENT CENTRAL DE LA PÉRIODE DE SOUFFRANCE

Lorsque j'ai été contactée pour ce projet de livre, il s'agissait surtout de parler de l'hypersensibilité. Cependant, au cours des échanges très enrichissants avec mon éditrice, nous sommes arrivées à la conclusion qu'il était réducteur de considérer que l'hypersensibilité ne pouvait concerner qu'une certaine catégorie de personnes. Je suis convaincue que nous pouvons tous, à un moment ou un autre, de manière variable en intensité et en durée, être concernés par cette manière particulière de traiter les informations sensorielles. Cela n'enlève en rien la légitimité de ceux qui souffrent de cet état de manière chronique.

Il est important de rappeler qu'en matière de fonctionnement mental nous sommes face à des processus universels, dont l'expression varie selon un continuum allant de l'expression la plus adaptée ou réduite possible à la plus critique. L'hypersensibilité est une manière de fonctionner, correspondant à un processus de traitement des informations sensorielles, qui peut s'installer de manière transitoire ou chronique. Elle peut ainsi concerner chaque être humain. Les périodes de souffrance s'installent en raison de la difficulté à répondre de manière adéquate à la fois au besoin de cohérence de notre système et à celui de bien-être de notre esprit conscient. Cette difficulté s'installe suite à l'épuisement des ressources permettant à cet équilibre d'être maintenu. Cet épuisement, ce manque d'énergie, se produit lorsque les ressources internes et externes sont moins importantes que la demande en cours. Ainsi, en cas de traumatisme important, de stress prolongé, face à une situation qui exige un effort physique ou émotionnel intense de manière prolongée, chaque personne risque l'épuisement en fonction de sa vulnérabilité et de ses ressources. Face à cet épuisement, le cerveau fait un choix pragmatique et préfère assurer la survie plutôt que réguler les processus générant le bien-être psychique, et notamment émotionnel. Le schéma ci-dessous illustre la relation entre le niveau d'énergie et l'installation ou l'amplification de l'hypersensibilité, qui est résultat d'un dérèglement des processus de traitement des informations sensorielles.

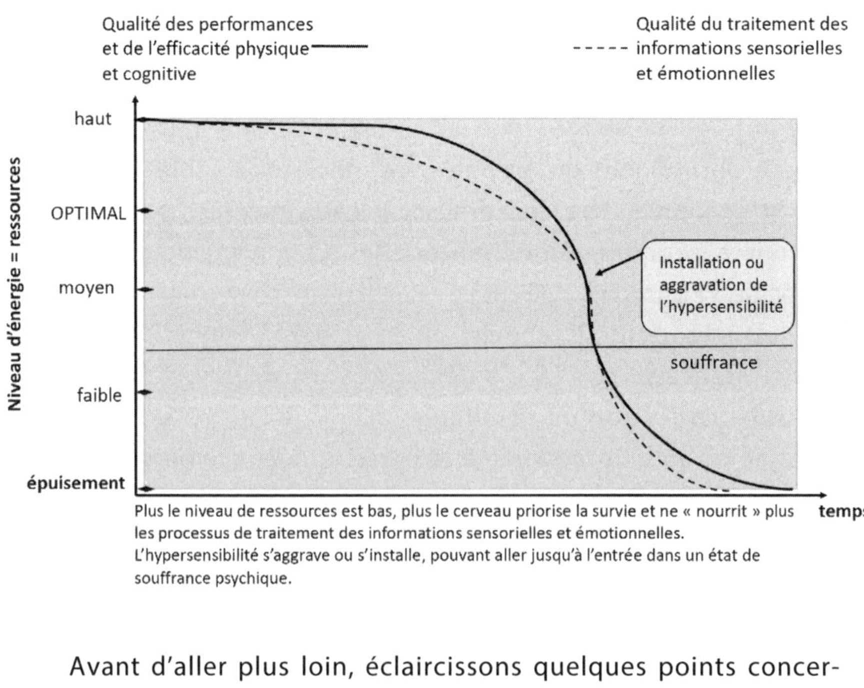

Plus le niveau de ressources est bas, plus le cerveau priorise la survie et ne « nourrit » plus les processus de traitement des informations sensorielles et émotionnelles. L'hypersensibilité s'aggrave ou s'installe, pouvant aller jusqu'à l'entrée dans un état de souffrance psychique.

Avant d'aller plus loin, éclaircissons quelques points concernant l'hypersensibilité ou l'hyperémotivité. Bien que le sujet soit encore débattu, dans le langage courant, ces deux termes se réfèrent généralement à une même condition psychologique. Pour la suite, j'utiliserai le terme d'hypersensibilité pour désigner cette condition, dont je considère l'hyperémotivité comme l'une des conséquences. Sans entrer dans les détails des recherches et des aspects théoriques liés à cette condition, je fournirai néanmoins quelques éléments pour vous aider à mieux comprendre ce qu'est l'hypersensibilité.

Ces derniers temps, l'hypersensibilité est devenue un concept populaire, surtout depuis qu'elle est associée à un autre concept, celui du haut potentiel intellectuel (HPI). Sans m'engager dans un débat qui n'est pas pertinent pour ce livre, je souhaite clarifier un point. Il n'y a pas de lien de causalité établi entre le fait d'avoir un quotient intellectuel[2] élevé et le fait d'être hypersensible. En réalité, l'hypersensibilité peut toucher des profils très variés, indépendamment de leur quotient intellectuel. Une personne avec un quotient intellectuel supérieur peut ou non être hypersensible. De même, une personne atteinte d'un TSA (trouble du spectre de l'autisme) ou d'un TDAH (trouble du déficit de l'attention avec hyperactivité) peut également l'être, indépendamment de son niveau intellectuel. Cette caractéristique peut se retrouver chez des individus présentant un trouble de la personnalité, tout comme chez ceux n'en ayant aucun. En somme, l'hypersensibilité se manifeste de manière très diverse. De plus, certaines personnes disposent de ressources internes qui leur permettent de mieux gérer certaines conséquences de cette hypersensibilité, et se sentent donc moins impactées.

2 — Un seul outil permet d'évaluer le quotient intellectuel chez l'adulte et les enfants à partir de 6 ans : l'échelle de l'intelligence de Wechsler (WAIS IV pour les adultes, et WISC V pour les enfants). Par ailleurs, seuls les psychologues détenteurs d'un numéro ADELI sont habilités à réaliser ce genre de test.

Même si certaines expressions de l'hypersensibilité ont une base neurobiologique, cela n'empêche pas chaque individu d'en être affecté invariablement avec une fréquence et une intensité changeantes au cours de sa vie. Cette hypersensibilité se manifestera à différents degrés en fonction de facteurs tels que l'environnement, l'éducation, les expériences affectives précoces, mais aussi l'exposition au stress, la fatigue physique ou mentale, la maladie, etc. Toute personne en période de souffrance (que ce soit en raison d'une dépression, d'un épuisement, d'une anxiété, etc.) est concernée par une hypersensibilité transitoire, et par les difficultés qui en découlent et qui entretiennent l'état de souffrance.

L'hypersensibilité est un concept modélisé par des approches neurocognitives. Cela se traduit par une sensibilité particulière du système de traitement sensoriel des informations au niveau neurologique. Ainsi, l'hypersensibilité se manifeste dans le cerveau par un système neurologique qui répond de manière plus intense aux stimuli ; qui traite les informations de manière plus extensive et dense ; qui établit des connexions plus nombreuses entre les choses ; qui ressent les émotions suscitées par des stimuli internes (pensées, images mentales, dialogue/monologue intérieur, sensations proprioceptives comme la douleur, la faim, la soif, etc.) et externes (situations sociales, environnement, film, image, etc.) de manière plus profonde ; et qui perçoit les stimuli sensoriels (sons, odeurs, goûts, lumière, toucher) de manière amplifiée.

Les études en neurophysiologie nous aident à comprendre la variabilité d'expression de l'hypersensibilité parmi les personnes, et confirment que ce mode de fonctionnement est une réalité neurophysiologique. Des différences dans le traitement de l'information perçue par les sens (qu'elle soit de nature environnementale, interpersonnelle ou émotionnelle) ont été observées dans le cerveau des personnes touchées par l'hypersensibilité. La réactivité cérébrale aux stimuli présentés aux personnes dans ces recherches montre souvent une suractivation de certaines régions du cerveau. Ces régions et structures (dont l'insula, l'amygdale, le cortex frontal et le cervelet) sont impliquées dans le traitement sensoriel, mais également dans la réponse émotionnelle, comportementale et cognitive.

> À RETENIR
>
> L'hypersensibilité se traduit par une sensibilité particulière du système de traitement sensoriel des informations au niveau neurologique. Elle se manifeste dans le cerveau par un système neurologique qui répond de manière plus intense aux stimuli ; qui traite les informations de manière plus extensive et dense ; qui établit des connexions plus nombreuses entre les choses ; qui ressent les émotions suscitées par des stimuli internes et externes de manière plus profonde ; et qui perçoit les stimuli sensoriels de manière amplifiée. L'hypersensibilité peut être transitoire ou chronique. Il existe une relation entre le niveau d'énergie et l'installation ou l'amplification de l'hypersensibilité, qui est le résultat d'un dérèglement des processus de traitement des informations sensorielles. Toute personne en période de souffrance est concernée par une hypersensibilité transitoire, et par les difficultés qui en découlent et qui entretiennent l'état de souffrance. L'hypersensibilité semble être due à une suractivation de certaines régions du cerveau. Ces régions et structures (dont l'insula, l'amygdale, le cortex frontal et le cervelet) sont impliquées dans le traitement sensoriel, mais également dans la réponse émotionnelle, comportementale et cognitive.

ÉPUISEMENT DES RESSOURCES, HYPERSENSIBILITÉ TRANSITOIRE OU CHRONIQUE ET EFFETS SUR LE PSYCHISME

Lorsque nous arrivons au stade où notre cerveau, notre corps et notre esprit conscient ne sont plus à même de mobiliser des ressources suffisantes pour faire face à une situation difficile, tout en préservant la capacité de récupération, notre bien-être psychique se dégrade. L'apparition d'un état d'hypersensibilité transitoire, ou l'exacerbation d'une hypersensibilité chronique, est le premier signe de cette dégradation.

Dans cet état, nous développons une sensibilité accrue aux impressions et aux stimuli du monde extérieur, par rapport à une norme qui peut être considérée comme un état de fonctionnement de base correspondant à un état d'équilibre psychique ou de santé mentale. Le ressenti et les réponses émotionnelles et comportementales peuvent également être amplifiés. En réalité, ce n'est pas tant le fait de percevoir un nombre très important d'informations dans une situation qui posera problème. Être capable de percevoir de nombreux détails peut être un véritable atout ; et c'est ce que le cerveau tente de produire lorsqu'il nous engage dans une réponse au stress induisant une hypervigilance (caractéristique des troubles anxieux mais aussi de l'hypersensibilité). Cependant, le problème réside dans la réactivité à ces stimuli.

Dans une situation donnée, il est crucial de pouvoir rapidement réaliser des traitements cognitifs consistant à trier ce qui est pertinent de ce qui ne l'est pas, à hiérarchiser ces informations entre elles, et à les relier au contexte pour leur donner du sens et répondre de manière adéquate. Pour cette raison, le traitement cognitif des informations que nous percevons (quelle que soit leur nature) est généralement automatique et très rapide. Les processus de raisonnement conscient et de prise de décision ont lieu dans le cortex frontal (notamment, la partie préfrontale). Pour effectuer ce type de traitement, il est nécessaire de « désactiver » le traitement automatique de l'information (c'est-à-dire devenir pleinement conscient), afin d'engager une évaluation éclairée de ce qu'il se passe. Seule une évaluation consciente au moment où cela se produit peut aboutir à une décision respectant à la fois le besoin de cohérence de notre système et celui de bien-être psychologique recherché par notre esprit.

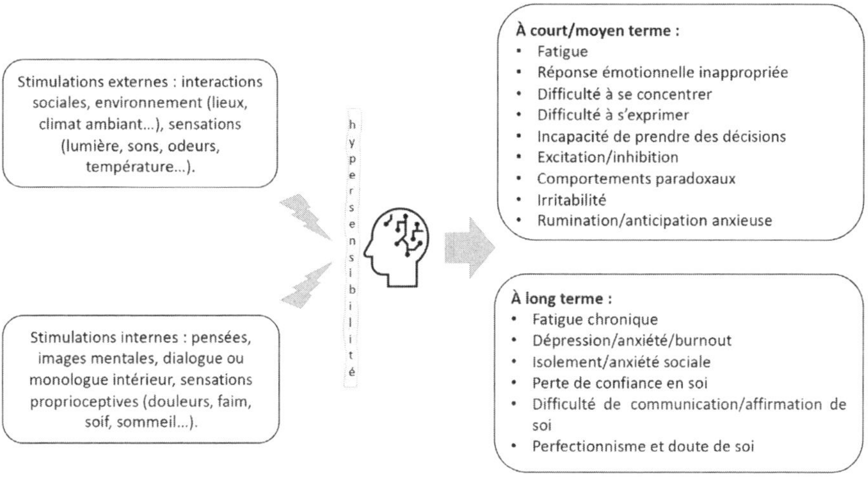

Lorsque le flux d'informations est trop important et que l'intensité des traitements automatiques est amplifiée, la seule échappatoire est parfois de se laisser aller aux processus automatiques. C'est ce qu'il se produit lorsque, pour diverses raisons, nos ressources sont affaiblies par une fatigue mentale, physique ou émotionnelle liée à des événements, des situations ou des traumatismes. Tout cela se déroule de manière totalement inconsciente, mais l'impact peut être dramatique. Étant donné que la suractivation du traitement sensoriel des informations génère souvent une lecture biaisée de ces informations, les réponses générées le seront tout autant. Cela se traduit, sur le plan comportemental, par l'adoption d'attitudes orientées par la réactivité émotionnelle qui ne tiennent pas compte des faits de manière éclairée, et qui peuvent conduire à des conséquences négatives.

En résumé, l'hypersensibilité – qu'elle soit transitoire ou non – affecte chaque individu dans trois domaines, avec des conséquences à court, moyen et long terme. Ces domaines sont : le domaine émotionnel, le domaine cognitif/sensoriel et le domaine comportemental. La figure ci-dessus illustre de manière non exhaustive le type de conséquences négatives qui peuvent découler, et qui vont générer, amplifier ou entretenir des difficultés de fonctionnement.

À RETENIR

Lorsque notre cerveau, notre corps et notre esprit conscient ne sont plus à même de mobiliser des ressources suffisantes pour faire face à une situation difficile, tout en préservant sa capacité de récupération, notre bien-être psychique se dégrade. L'apparition d'un état d'hypersensibilité transitoire, ou l'exacerbation d'une hypersensibilité chronique, est le premier signe de cette dégradation. Lorsque le flux d'informations est trop important et que l'intensité des traitements automatiques est amplifiée, la seule échappatoire est parfois de se laisser aller aux processus automatiques. Cela se traduit, sur le plan comportemental, par l'adoption d'attitudes orientées par la réactivité émotionnelle qui ne tiennent pas compte des faits de manière éclairée, et qui peuvent conduire à des conséquences négatives. En résumé, l'hypersensibilité – qu'elle soit transitoire ou non – affecte chaque individu dans trois domaines, avec des conséquences à court, moyen et long terme. Ces domaines sont : le domaine émotionnel, le domaine cognitif/sensoriel et le domaine comportemental.

COMMENT L'HYPERSENSIBILITÉ MODIFIE NOTRE MANIÈRE DE TRAITER LES INFORMATIONS SENSORIELLES ET INFLUENCE NOS ÉMOTIONS ET COMPORTEMENTS

Produire des pensées est une qualité propre et naturelle de notre appareil psychique. C'est au niveau du cortex préfrontal que l'intégration des informations transmises par les autres régions cérébrales va contribuer aux processus de raisonnement et de prise de décision. Cette propriété est intrinsèquement liée au langage et sert notamment à catégoriser et donner du sens à notre expérience interne et externe. Penser est utile pour évaluer une situation en vue d'une prise de décision ; pour comprendre et assimiler quelque chose de nouveau ; résoudre des problèmes nouveaux et complexes ; comprendre et réguler notre état émotionnel ; ainsi que pour comprendre les autres dans le but de favoriser la connexion sociale.

Il est difficile de connaître le nombre moyen de pensées que notre cerveau produit, car cela dépend de facteurs internes et externes (état émotionnel, connaissances acquises, personnalité, niveau de stimulation, nouveauté/familiarité de la situation, degré de menace ou de danger, de stress perçu...). Certaines personnes vont donc avoir tendance à produire beaucoup de pensées selon les situations, tandis que d'autres en produiront beaucoup moins. L'hypersensibilité, qu'elle soit transitoire ou chronique, rend les personnes plus réceptives à des changements subtils de leur expérience et de leur environnement. Cela leur permet de capter des détails et des nuances que d'autres ne percevront pas à chaque instant; mais, le plus souvent, cela va conduire à une saturation des canaux sensoriels et à une hyperstimulation. Par ailleurs, étant plus attentives et sensibles aux variations de leur propre condition (physique, mentale et émotionnelle), les personnes dans cet état auront tendance à se focaliser sur des aspects négatifs perçus – ou interprétés – comme tels.

L'amygdale est une structure en forme d'amande située dans le cerveau, qui joue un rôle clé dans le traitement des émotions, notamment la peur et l'anxiété. Elle est impliquée dans la réponse au danger perçu. Comme chez la personne anxieuse, l'amygdale peut réagir de manière excessive aux signaux de menace; ce qui va entraîner une réponse anxieuse accrue. Considérer l'hypersensibilité comme une condition qui s'installe suite à un épuisement des capacités adaptatives et qui soutient et entretient la dégradation de l'état mental est, pour moi, une manière de modéliser la dégradation du bien-être psychologique de manière générale. Cette hypersensibilité transforme notre système en des capteurs ultra-puissants qui ne se mettent jamais en veille et qui sont tout le temps en train de traiter l'afflux d'informations sans forcément faire le tri adéquat. La propension à analyser les situations de manière plus profonde, plus intense, qui découle de cette condition favorise une perception biaisée de situations courantes ou banales qui seront supposées dangereuses, même si elles ne le sont pas nécessairement de manière objective. Parfois, il est même difficile pour la personne de savoir ce qui la perturbe dans la situation. Mes patients décrivent un sentiment diffus de mal-être, une « intuition », surtout aux premiers stades de la dégradation de leur état mental.

Il faut savoir que cette intuition est souvent fondée sur la perception d'un paramètre, d'un élément de la situation qui a été catégorisé comme menaçant sans que l'on puisse en prendre conscience de manière explicite. Ce paramètre, ou cet élément, est catégorisé en tant que tel parfois simplement parce qu'il paraît discordant ou inhabituel, mais pas toujours parce qu'il est objectivement dangereux.

Cependant, il est important de rappeler que, bien que l'hypersensibilité soit centrale dans la dégradation du bien-être psychique, il s'agit d'une condition complexe et multifactorielle. L'hyperactivation de l'amygdale est un élément du tableau, mais d'autres facteurs – tels que les prédispositions génétiques, les expériences de vie, les mécanismes de régulation émotionnelle et les réseaux cérébraux interconnectés – jouent également un rôle dans la variabilité de son expression parmi les individus.

Naturellement, en accord avec sa fonction de préservation de notre intégrité physique et mentale, notre cerveau est assez doué pour la détection de signes de « menace » ou de « danger » ; et ce, autant par rapport à l'environnement extérieur que vis-à-vis de nos états proprioceptifs ou bien notre monde interne (pensées et émotions). De manière générale, cette fonction est adaptative et permet la survie et la conservation de l'espèce. C'est grâce à cette compétence que nous pouvons nous engager de manière très rapide (automatique, instinctive) dans des réactions qui nous évitent un réel danger : une réponse adaptative. Cependant, cette compétence peut (selon la nature et la qualité de nos croyances, de notre réceptivité et de notre sensibilité au monde qui nous entoure, ainsi qu'à nos propres pensées et états émotionnels et proprioceptifs) conduire à une réponse dysfonctionnelle (car non fondée sur un danger ou une menace réels) qui aura des conséquences nocives pour la personne et son environnement (y compris social et affectif).

L'hypersensibilité installe un état d'ultraréceptivité, favorisant la focalisation dans les aspects perçus comme des menaces ou des dangers (parfois, simplement parce qu'ils ne sont pas complètement cernés). L'une des conséquences de cela est la rumination mentale, mais aussi l'hypervigilance et la difficulté à prendre des décisions, ainsi que des réactions émotionnelles ou comportementales dysfonctionnelles. La rumination mentale, l'hypervigilance et la difficulté à prendre des décisions sont des manifestations caractéristiques d'un état de santé mentale dégradé. Dans cette condition, la tendance à focaliser et suivre les pensées issues de l'interprétation de signes perçus comme négatifs dans son environnement interne (ses propres pensées ou ses propres états) et externe est une règle s'exprimant avec des niveaux d'intensité variables selon le degré de détresse psychique. Moins il y a de ressources disponibles, plus le cerveau et la conscience s'abandonnent aux processus automatiques renforcés par l'hypersensibilité installée de manière transitoire ou chronique, selon les individus.

La manière dont nous interprétons une situation donnée, qui n'est pas forcément une situation très complexe (une « situation » peut s'entendre ici comme étant tout simplement un certain type de micro-expression faciale perçue chez son interlocuteur dans un certain contexte), produit un certain nombre d'éléments dont nous ne prenons pas forcément conscience au moment où cela arrive, et qui sont notamment : un certain nombre de pensées, des sensations physiques et émotionnelles particulières. Cette interprétation va donner souvent lieu à une réponse particulière : un comportement, une réaction ou une attitude face à cette situation donnée. Le schéma ci-dessous illustre comment nous traitons généralement les informations perçues (stimuli). Ce traitement se fait de manière automatique et est un processus universel, car il concerne chaque être humain de la même manière. Cependant, en cas de dégradation de l'état psychique, la difficulté à gérer l'afflux des informations peut favoriser le passage en mode « pilotage automatique » et enclencher des réponses à la situation qui ne seront pas toujours en cohérence avec la nature objective de celle-ci. Il faut savoir que chacun de nous peut être embarqué par le pilotage automatique ; mais, lorsque notre système cognitif se trouve en surcharge, c'est encore plus le cas.

Schéma illustrant le traitement des informations issues des expériences personnelles

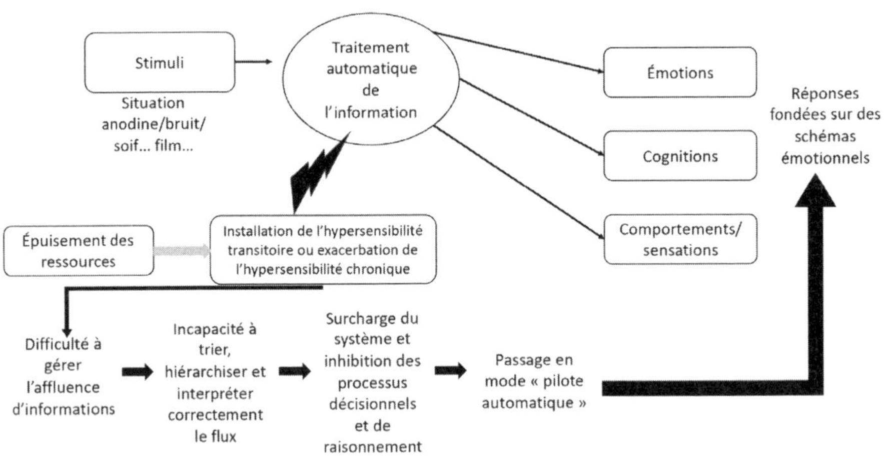

Pour mieux gérer la tendance à fabriquer et à suivre ses pensées négatives, la personne doit faire un effort qui est plus important que celui de quelqu'un qui ne traverse pas de période difficile. Une personne qui n'est pas concernée par une hypersensibilité peut également passer en mode « pilotage automatique », mais ce passage est souvent lié à une réactivité émotionnelle importante fondée sur une interprétation peu objective de ce qu'il se passe. Chez la personne hypersensible, il y a ce même risque de passage en pilote automatique qui est amplifié à la fois par la difficulté à gérer et à trier le flux d'informations et la surcharge cognitive qui en découle.

À RETENIR

L'hypersensibilité, qu'elle soit transitoire ou chronique, rend les personnes plus réceptives à des changements subtils de leur expérience et de leur environnement. De manière générale, cette réponse à l'épuisement est adaptative, et permet aussi la survie et la conservation de l'espèce. Nous pouvons ainsi nous engager de manière très rapide dans des réactions qui nous évitent un réel danger : une réponse adaptative. L'hypersensibilité installe un état d'ultraréceptivité, favorisant la focalisation dans les aspects perçus comme des menaces ou des dangers (parfois, simplement parce qu'ils ne sont pas complètement cernés). L'une des conséquences de cela est la rumination mentale, mais aussi l'hypervigilance et la difficulté à prendre des décisions, ainsi que des réactions émotionnelles ou comportementales dysfonctionnelles. Moins il y a de ressources disponibles, plus le cerveau et la conscience s'abandonnent aux processus automatiques renforcés par l'hypersensibilité installée de manière transitoire ou chronique, selon les individus.

PARTIE III

Témoignages sur les effets de l'hypersensibilité transitoire ou chronique et processus mentaux impliqués dans la dégradation du bien-être psychique

TÉMOIGNAGES

Marie et la rumination

« Que ce soit à la suite d'une rencontre informelle avec des amis ou des personnes que je ne connais pas, ou encore dans le cadre professionnel, je suis tout le temps en train d'avoir mille pensées à la seconde. J'ai l'impression que, pour chaque phrase que j'entends ou que je dis, il y a cinquante pensées de produites. C'est l'enfer ! J'ai aussi tendance à repasser dans ma tête chaque échange, chaque parole, chaque interaction. Je ne peux m'empêcher de chercher à savoir si ce que j'ai dit, ou la manière dont j'ai réagi, a été la bonne, ou bien si cela aurait pu être autrement (cela porte aussi sur les réactions ou paroles des autres, que j'analyse à l'endroit et à l'envers sous toutes les coutures). J'imagine tous les scénarios possibles, et je revis tout dans ma tête. Cela arrive aussi pour des choix que je dois faire ; et je reste parfois totalement bloquée, soit dans le regret d'avoir fait un choix plutôt qu'un autre, soit dans la crainte de faire un mauvais choix. Parfois, cela va me conduire à me focaliser sur un aspect négatif de la situation et à tourner en boucle dessus… Ça m'épuise ! Je ne suis jamais tranquille. »

Marie, 32 ans, juriste

Thierry et les anticipations anxieuses

« Je crois que j'anticipe à peu près tout. C'est assez pénible, car mes anticipations sont rarement positives. Ce n'est pas vraiment par crainte de la catastrophe. C'est plus par crainte d'être passé à côté de quelque chose que j'aurais dû voir avant. Mes proches disent que je suis pessimiste. Ce n'est pas vraiment ça. C'est comme si j'étais en train de flairer quelque chose sur quoi je n'arrive pas à mettre la main… C'est presque comme un "pressentiment". Je sais apprécier les choses positives, et j'ai conscience qu'elles sont souvent plus probables que les négatives, mais c'est plus fort que moi. Cette espèce d'hypervigilance ou d'appréhension permanente est comme une fragrance qui viendrait parfumer un peu chacune de mes expériences malgré moi. Cela va rarement jusqu'à m'empêcher de faire les choses, mais c'est quand même pénible. Je ne suis jamais vraiment détendu. »

Thierry, 25 ans, informaticien

Christian et les difficultés à prendre des décisions

« Faire un choix m'a toujours été difficile. J'ai toujours l'impression que je pourrais regretter quelque chose, et, lorsque je finis par me décider, ce n'est pas sans un arrière-goût de regret. Parfois, lorsque j'arrive à savoir ce qu'il me faudrait, ce qui me ferait du bien au fond, j'ai du mal à l'assumer, notamment si, pour cela, il faut s'affirmer devant quelqu'un d'autre. Au travail, mais aussi dans ma vie privée, je me laisse souvent "plier", et j'abandonne ma volonté par crainte de me tromper, de décevoir ou d'avoir à gérer une réaction négative de la part de l'autre… »

Christian, 35 ans, fonctionnaire

Julie se met la pression

« Je suis quelqu'un d'exigeant. Avec moi (surtout), mais aussi avec les autres. J'aime que tout soit parfait, et je donne toujours mon maximum. On peut toujours faire mieux ; et, comme j'ai une attention aux détails qui est importante, je ne laisse rien passer ! Le souci, c'est que cela me parasite parfois, à tel point que je viens à douter de mes propres vérifications. Cela déteint sur mon rendement au travail et même sur mes relations. Je m'accroche aux détails… Parfois, je procrastine tellement que je suis angoissée à l'idée de faire quelque chose. C'est sans fin, et ça me mine bien comme il faut ! »

Julie, 47 ans, business manager

Pierre doute de lui-même

« Ce n'est pas vraiment comme si je me trouvais nul, mais je doute en permanence de ma valeur, comme si je pouvais (devais) toujours mieux faire. J'ai besoin d'être rassuré, je crois ; mais cela ne sert à rien qu'on me dise que je suis assez bien. Je remarque que je suis en permanence en train de faire des efforts pour obtenir validation. J'essaie de tout bien faire, d'en faire même plus qu'il n'en faut. Je suis attentif aux autres pour deviner leurs attentes et y répondre. Je me considère assez doué pour ça d'ailleurs, mais, à la fin, ça ne me suffit jamais. Quelquefois, surtout au travail, j'ai l'impression d'éveiller plus d'animosité que d'empathie. On m'a déjà accusé d'en faire trop et de ne pas laisser de place aux autres. Cela me paraît tellement paradoxal, quand je pense à mon manque d'assurance. Parfois, j'ai l'impression d'être dépendant du regard et de l'approbation des autres. »

Pierre, 49 ans, account manager

Gabrielle est sur les nerfs

« Personne ne comprend ce que je vis. Parfois, je ne supporte pas qu'on me parle, même quand il s'agit de mes proches. Souvent, c'est à la fin d'une journée de travail ou d'un événement social, mais pas que, il suffit de regarder trop d'écrans, de faire trop de choses… Je me trouve chiante, mais c'est plus fort que moi. Si je suis à la plage, rapidement, la lumière trop forte, ce bruit permanent qu'on y retrouve mêlant les voix et les vagues, la chaleur…, cela va m'épuiser à un point que je peux devenir méga-irritable ou bien avoir une crise de pleurs ! Peu à peu, j'apprends à reconnaître les signes de ma surcharge sensorielle et émotionnelle, mais mon entourage a du mal à comprendre. Des situations banales pour eux, alors que tout va bien, peuvent m'épuiser soudainement. L'autre jour, nous jouions à un jeu de société. On rigolait ensemble, puis, peu à peu, les enfants (qui s'éclataient) se sont emballés, devenant un peu plus agités, gigotant plus, parlant plus fort… J'ai dû quitter la partie, mais je n'ai pas pu m'empêcher de leur demander soudainement de se taire. Ils n'ont rien compris, évidemment. On ne comprend pas que ça m'épuise autant, et moi non plus parfois… J'aimerais bien être comme les trois petits singes : ne rien entendre, ne rien voir et ne rien dire. »

Gabrielle, 55 ans, agente immobilière

Valérie a des émotions qui s'emballent

« Je suis une éponge. Je peux pleurer rien que d'imaginer quelque chose de triste. Impossible de regarder un film ou même un documentaire, à moins que ça parle d'un truc très neutre (et donc sans intérêt). Je suis trop sensible à ce que les autres peuvent ressentir, à leur douleur… Cela m'arrive aussi pour les animaux, mais pas que. Je suis capable de verser des larmes pour un arbre ou pour un objet. Parfois, je ne sais même pas pourquoi je ressens des émotions si fortes. On pourrait croire que c'est juste en réaction à des trucs négatifs, mais non. L'autre jour, on fêtait la publication d'un de nos articles au labo. Tout le monde était content, et moi aussi ; et d'un coup je ne savais plus si ce que je ressentais était une joie intense, mais j'avais envie de rire, de pleurer, de m'agiter. C'était comme un bug émotionnel. J'ai fini par tout faire plus ou moins en même temps… Et après j'étais K-O. »

Valérie, 42 ans, chercheuse scientifique

LES PRINCIPAUX PROCESSUS MENTAUX PARTICIPANT À L'INSTALLATION D'UN MAL-ÊTRE PSYCHIQUE

Accélération de la pensée et rumination

La rumination est la tendance à penser de manière compulsive à un détail d'une situation ou à un problème sans pouvoir s'en empêcher. Il arrive à tout le monde de se focaliser sur un problème parfois, et cette rumination s'arrête généralement lorsque le problème est résolu. Il s'agit dans ce cas d'une rumination adaptée, qui a pour but de trouver une solution pour gérer la situation et agir en conséquence (même si cela signifie simplement passer à autre chose parce qu'il n'y a rien à faire). Toutefois, lorsqu'elle devient excessive, cette tendance a des conséquences très négatives. Cette rumination excessive est dite « inadaptée », car elle tourne autour de questions qui ne tendent pas vers une recherche de solution. Dans la rumination adaptée, la personne pense à ce qui a déclenché la rumination, et rapidement se demande : « Comment je peux gérer ça ? » Tandis que, dans la rumination inadaptée, la personne pense à ce qui a déclenché la rumination en se demandant : « Pourquoi cela est arrivé ? »

ou « Qu'est-ce qui se serait passé si... ? », ce qui ne permet pas d'aller vers l'identification d'une manière d'agir sur le problème, ni de gérer sa réactivité par rapport à cela.

Lorsque nous rentrons en souffrance psychologique, l'excès et l'accélération des pensées ainsi que cette tendance à la rumination vont contribuer à la fatigue cognitive. Cette fatigue va mettre encore plus à mal les ressources de gestion émotionnelle et donc participer aussi à l'amplification et à l'entretien d'un état hypersensible et négatif. Bref, c'est le serpent qui se mord la queue !

La difficulté de Marie illustre bien ce que certaines personnes peuvent vivre en période d'hypersensibilité chronique ou d'épuisement. Trop penser et ruminer n'est pas la même chose, mais le premier peut conduire au second. Penser trop, fabriquer trop de pensées, avoir un dialogue ou un monologue permanent dans sa tête peut conduire à la même forme d'épuisement que le fait de passer plusieurs heures dans une pièce avec trop de bruit ou des lumières aveuglantes... C'est une stimulation permanente qui ne peut que conduire, à un moment ou à un autre, à une forme d'épuisement mental (cognitif et émotionnel). Nous avons vu qu'une hyperstimulation du cortex préfrontal était présente chez les personnes présentant un état d'hypersensibilité. Cette hyperstimulation aurait pour conséquence une propension à « trop penser », conduisant, entre autres, à une tendance à la rumination et à la difficulté de prise de décision.

En soi, la possibilité de générer plusieurs hypothèses et réponses possibles pour une situation donnée n'est pas un problème. En effet, la capacité à générer des hypothèses et réponses multiples pourrait être même un avantage, si et seulement si toutes ces hypothèses et réponses étaient vraiment pertinentes à considérer ; et surtout si Marie, dans l'exemple, était en mesure de les trier pour en extraire seulement les plus intéressantes, et ensuite de faire un choix.

Le problème, lorsqu'on « pense trop », c'est que cette tendance peut vite virer au cauchemar, car penser trop, de manière totalement incontrôlable et excessive, peut rarement conduire à une réponse adaptée à une situation. Le plus souvent, cela va générer du stress et un sentiment d'incapacité. En pensant trop, en faisant mille liens entre mille possibilités, on finit par tourner en rond et n'avancer vers nulle part.

L'hypervigilance et la peur permanente

Les anticipations anxieuses et le sentiment de peur ou d'inquiétude plus ou moins envahissant font partie des difficultés communes aux personnes anxieuses. Lorsque l'hypersensibilité s'installe dans le fonctionnement de manière chronique, ce sentiment se traduit par un « pressentiment négatif », une sorte d'intuition négative permanente. Lorsqu'il s'agit d'hypersensibilité transitoire, la personne reconnaîtra, ou non, que ces inquiétudes sont disproportionnées, selon l'intensité de son état de souffrance psychique. Plus une personne est en proie à un état d'anxiété général, plus son jugement est difficile, plus elle adhère à ses peurs, et plus elle s'accroche aux indices confortant ses pensées. Chez une personne en état d'hypervigilance, toute expérience – même celle des choses agréables – ne peut être totalement sereine.

Les études en imagerie ont suggéré un lien entre une hyperactivation de l'amygdale et l'hypersensibilité ; et le lien entre cette hyperactivation et les troubles anxieux est solidement établi. L'intrication entre l'anxiété (pas en tant que trouble, mais en tant qu'expression symptomatique) et l'hypersensibilité est donc certaine. Si une personne souffrant d'hypersensibilité n'est pas à l'abri de développer un trouble anxieux, et si une personne souffrant de troubles anxieux a certainement développé une hypersensibilité, ce n'est pas une fatalité.

Un trouble anxieux est diagnostiqué par la présence de symptômes spécifiques, présents en même temps durant un temps déterminé et selon une intensité qui génère un impact fonctionnel et une souffrance significative ; c'est très invalidant. Ce qui est observé, dans les expressions anxieuses plus légères, relève plus de la gêne, dont la présence à la longue peut générer de la souffrance, mais qui, en soi, n'invalide pas la personne. On peut dire que, selon l'intensité de la souffrance, ce qui est vécu peut être comparable à une panne de moteur (impossible de rouler), ou bien à conduire avec le frein de stationnement enclenché. Dans les deux cas, ce n'est pas agréable ; même si plus les symptômes sont intenses, plus les conséquences sont sévères.

Difficulté à prendre des décisions

Quand on pense trop, on envisage beaucoup de possibilités ; et parfois il peut être difficile, voire douloureux, de choisir parmi tant de possibilités. Même s'il y a toujours un certain risque au degré variable dans tout choix ou toute situation où l'on affirme un besoin, une limite, où l'on exprime une opinion, le stress perçu dans cette situation est variable selon les individus. Ce que Christian décrit n'est pas le monopole des hypersensibles chroniques. Ces difficultés semblent plus robustes en période de souffrance, car ancrées dans les particularités du fonctionnement cognitif dans l'état d'hypersensibilité transitoire.

Cette difficulté, dont l'origine est souvent multifactorielle (l'éducation, les expériences précoces, l'environnement, des traumatismes...), va être favorisée par les particularités de fonctionnement cognitif en lien avec cette condition.

Produire beaucoup de pensées peut être en théorie génialissime, mais en pratique cela peut être assez fatigant et embêtant, jusqu'à conduire à une propension au regret, à la rumination, à la préoccupation excessive, et jusqu'à un blocage total qui rendra la prise de décision difficile.

Sentiment d'inefficacité, de ne pas être assez bien, exigence élevée

Les difficultés auxquelles font face Pierre et Julie sont étroitement liées à des mécanismes cognitifs complexes. Comme Thierry et Christophe, tous deux ressentent les effets de l'hypervigilance cognitive amplifiée par leur hypersensibilité. Dans cet état, leur aptitude à percevoir les détails et les subtilités dans leur environnement se traduit par une attention minutieuse envers les situations et les réactions des autres, ainsi qu'une analyse approfondie des interactions sociales. Cette hypervigilance se manifeste distinctement chez Julie et chez Pierre : chez Julie, elle alimente une quête obsessionnelle de la perfection ; tandis que chez Pierre, elle le pousse à remarquer et à exagérer les moindres changements dans les expressions et les réactions d'autrui.

Un lien étroit existe entre l'hypervigilance cognitive et le biais de confirmation. Ce dernier est un schéma mental qui nous incline à accorder plus de crédit aux informations confirmant nos croyances préexistantes, tout en minimisant celles qui les contredisent. Les personnes hypersensibles, étant attentives aux détails, sont enclines à percevoir des signes de désapprobation ou de rejet, même lorsque ceux-ci sont subtils ou inexistants. Étant donné que l'hypervigilance peut intensifier les pensées négatives et les doutes concernant sa propre valeur, chaque minuscule signe d'approbation ou de désapprobation est perçu et interprété avec une grande intensité. Cela crée un cercle vicieux où quelqu'un déjà enclin à se sentir insuffisant ou sans valeur aura davantage tendance à se focaliser sur les signaux négatifs de son environnement. Cette focalisation sélective renforcera alors sa croyance préexistante. Chez Julie, par exemple, plus elle s'efforcera de vérifier son travail, plus elle se concentrera sur ce qui pourrait apparaître comme une erreur ou une imperfection, renforçant ainsi ses doutes quant à ses compétences.

De plus, la tendance à la rumination, partagée avec Marie, peut accentuer les auto-évaluations et les critiques excessives. Cela intensifie les doutes et entrave une évaluation objective des compétences et des réalisations personnelles. Ainsi, bien que leurs expériences soient uniques, le perfectionnisme de Julie et le manque de confiance de Pierre présentent des similitudes. Dans l'hypersensibilité, les interactions complexes entre les réseaux impliqués dans la prise de décision et la régulation émotionnelle peuvent influencer les jugements concernant leur propre valeur et celle de leurs accomplissements. Cette dynamique peut renforcer les normes élevées et les exigences personnelles.

En outre, le cerveau humain est intrinsèquement en quête d'appartenance et de validation sociale – une quête exacerbée par l'état d'hypersensibilité. Des interactions sociales positives activent le système de récompense du cerveau, générant une sensation de satisfaction et d'approbation. Cependant, cette sensation est souvent de courte durée, incitant à une recherche constante de validation. Le besoin incessant de perfection et d'excellence peut engendrer des ruminations et des auto-évaluations excessives. Les individus en état d'hypersensibilité ont tendance à revenir de manière répétitive sur leurs actions passées et à s'autocritiquer intensément. Les doutes quant à la qualité de leur travail ou de leurs interactions sociales peuvent devenir envahissants, suscitant de l'angoisse.

Ces comportements, influencés par les difficultés de Julie et de Pierre, peuvent également affecter la qualité de leurs relations avec autrui. En cas de perfectionnisme, la quête obsessionnelle de la perfection peut engendrer une crainte perpétuelle de l'échec, conduisant à la procrastination, où l'individu va éviter de commencer une tâche par peur de ne pas la réaliser de façon parfaite. De plus, le perfectionnisme peut compliquer les relations, car les attentes élevées sont souvent difficiles à satisfaire pour et par les autres. Chez Pierre, la crainte d'être sous-estimé peut entraîner une réticence dans certaines situations ou, en raison d'un désir excessif d'approbation, susciter des réactions hostiles de la part d'autrui. Ces réactions hostiles sont parfois dues au sentiment d'être accablé par le besoin constant de réassurance de la part de celui qui cherche la validation, dont les comportements peuvent être interprétés comme des tentatives de manipulation de l'opinion.

Pour conclure, l'interaction entre l'hypervigilance cognitive, les biais cognitifs, les mécanismes de rumination, le fonctionnement du cortex préfrontal et le besoin de validation sociale forme une dynamique complexe, influençant l'estime de soi et renforçant les tendances perfectionnistes. Les défis auxquels Julie et Pierre font face résultent d'une combinaison de facteurs neurocognitifs et personnels qui modèlent leurs pensées et leurs comportements. Comprendre ces processus peut aider à développer des stratégies d'adaptation et d'autorégulation, pour renforcer l'estime de soi et atténuer l'impact négatif de ces schémas cognitifs.

Épuisement sensoriel et dérégulation émotionnelle

Les témoignages de Valérie et Gabrielle illustrent deux conséquences liées à l'impact de l'hypersensibilité sur le traitement de l'information sensorielle et émotionnelle. L'hypersensibilité sensorielle est associée à une modulation anormale de ces informations dans le cerveau. Cette sensibilité s'exprime parfois sous forme d'expérience d'« éponge » émotionnelle, où des émotions intenses se manifestent en réponse à divers stimuli, parfois contradictoires ou inexpliqués. Ces phénomènes semblent découler de mécanismes neurologiques sous-jacents qui sont plus actifs chez les personnes hypersensibles, entraînant une intensité émotionnelle plus marquée.

Notre cerveau traite constamment une abondante quantité d'informations sensorielles en opérant un filtrage entre ce qui est pertinent et ce qui est perçu comme du bruit ou du superflu. Cependant, chez les personnes en état d'hypersensibilité, ce système de filtrage semble être moins efficace, entraînant des réactions plus vives et une sensation de surcharge en réponse à des stimuli qui n'affecteraient pas autant d'autres individus.

Cette hypersensibilité peut être observée au niveau neurologique, où des régions du cerveau impliquées dans le traitement sensoriel – comme le cortex sensoriel – semblent présenter une activité accrue et une plus grande réactivité chez les personnes hypersensibles. Cette réactivité accrue explique pourquoi même des stimuli considérés comme normaux peuvent être perçus comme intenses et accablants ; ce qui éclaire les réactions de Valérie face à des stimuli tels que la lumière vive, le bruit et d'autres lors d'occasions sociales ou d'activités intenses.

L'amplification de la réactivité émotionnelle, chez les personnes hypersensibles, découle en partie de l'activation augmentée de régions cérébrales traitant les émotions, telles que l'amygdale. Cette intensification pourrait expliquer les manifestations émotionnelles intenses, comme l'irritabilité ou les crises de larmes en réponse à des stimuli sensoriels accablants.

Toutefois, l'hypersensibilité demeure une condition invisible, rendant difficile, pour ceux qui ne la vivent pas, la compréhension de l'impact que des stimuli apparemment mineurs peuvent avoir sur le bien-être émotionnel. Les réactions des personnes en état d'hypersensibilité sont souvent perçues comme excessives ou inexpliquées, du fait que leurs propres systèmes de filtrage sensoriel fonctionnent différemment.

Les difficultés à réguler les émotions sont liées à des différences dans les circuits neuronaux impliqués dans la régulation émotionnelle des personnes hypersensibles. Les modèles neurocognitifs indiquent que la communication entre les régions évaluant les émotions (comme l'amygdale) et celles impliquées dans la régulation (comme le cortex préfrontal) est altérée dans l'hypersensibilité. Cette altération pourrait expliquer la complexité et l'apparente contradiction des réponses émotionnelles.

En outre, l'aptitude des hypersensibles à ressentir intensément les émotions des autres provient d'une intensification des circuits neuronaux liés à l'empathie et à la compréhension des émotions d'autrui. Cette activation accrue, dans les régions cérébrales associées à l'empathie, expliquerait pourquoi les émotions sont ressenties profondément, même dans des situations qui ne les touchent pas directement. D'un point de vue adaptatif, il pourrait s'agir d'un effort désespéré pour, malgré tout, susciter la recherche de lien et de soutien social.

En somme, la réaction aux stimuli non émotionnels – par exemple, la sensibilité envers un arbre ou un objet – pourrait être attribuée à une intégration sensorielle complexe. Les modèles neurocognitifs suggèrent que les personnes hypersensibles pourraient avoir des connexions renforcées entre les régions du cerveau impliquées dans le traitement sensoriel, favorisant des expériences sensorielles riches et intenses.

À RETENIR

Notre cerveau traite constamment une abondante quantité d'informations sensorielles en opérant un filtrage entre ce qui est pertinent et ce qui est perçu comme du bruit ou du superflu. Cependant, chez les personnes en état d'hypersensibilité, ce système de filtrage semble être moins efficace, entraînant des réactions plus vives et une sensation de surcharge en réponse à des stimuli qui n'affecteraient pas autant d'autres individus. Les modèles neurocognitifs indiquent que la communication entre les régions évaluant les émotions, comme l'amygdale, et celles impliquées dans la régulation, comme le cortex préfrontal, est altérée dans l'hypersensibilité. Cette altération pourrait expliquer la complexité et l'apparente contradiction des réponses émotionnelles.

PARTIE IV

Des conseils pour prendre soin de soi pour de vrai

LE POUVOIR DES ROUTINES, DES RITUELS ET DES HABITUDES RÉGULIÈRES

Dans notre monde contemporain, la notion de routine, de rituel ou d'habitude régulière, est souvent perçue comme quelque chose de contraignant, de banal et de plutôt répulsif. On associe, à tort, la routine à l'ennui, à la contrainte, à la rigidité, à la morosité et au manque de créativité. Pourtant, les études sur le thème incitent à reconnaître l'impact profond que les habitudes régulières peuvent avoir sur notre bien-être psychologique. Le fait que nous associons la routine à l'ennui vient souvent du fait que celle-ci est généralement subie et non choisie. Dans un couple par exemple, il est courant que les habitudes régulières de l'un irritent l'autre ; alors qu'en réalité il suffirait à chacun de considérer ses routines personnelles et les routines du couple comme des éléments indépendants participant à l'équilibre global. En couple, l'erreur consistant à considérer qu'il faut être tout le temps là, pour et avec l'autre, suffoque la relation, fait vivre la routine comme une contrainte et génère une grande frustration ; mais c'est un sujet à part entière, sur lequel je ne vais pas m'attarder ici.

Il ne s'agit pas de vivre sa vie selon un planning absolu et rigide, mais avoir certains rituels, routines et habitudes régulières permet de rythmer sa vie et de répondre à des besoins fondamentaux. En effet, ces habitudes, ces rituels, offrent un sentiment de stabilité et de contrôle dans un monde souvent imprévisible. Il est toujours réconfortant pour tout être humain d'avoir le sentiment qu'une certaine prévisibilité sur le cours des choses est possible. Par ailleurs, la répétition de ces rituels et routines permet de renouveler le confort associé aux expériences instaurées de manière volontaire et consciente. Cette répétition favorise et entretient notre équilibre émotionnel. Contrairement aux idées reçues, les rituels et les routines sont des moyens de trouver de la liberté, et non pas des prisons dans lesquelles nous devons nous enfermer. Je vais tenter de vous amener à comprendre cette notion – qui n'est pas intuitive – peu à peu.

Les routines fournissent un cadre rassurant dans notre quotidien, puisque savoir un minimum à quoi s'attendre à certains moments de la journée apaise l'esprit et réduit le stress lié à l'incertitude. Comme souvent, il est question d'intensité et de dosage. Plus l'aversion à l'incertitude et le niveau de stress et d'insécurité sont élevés, plus les routines et rituels deviendront rigides et envahissants, perdant ainsi leur fonction initiale qui était en soi libératrice. C'est ce que nous observons chez les personnes souffrant de troubles anxieux dans lesquels les pensées obsessionnelles et les rituels compulsifs associés apportent tout sauf un sentiment de liberté et de réassurance. Au contraire, c'est une contrainte et une condamnation que ces rituels imposent à ces personnes en souffrance.

Il existe une différence cruciale entre le rituel, la routine et l'habitude menant au sentiment de liberté et de confiance et celui qui est perçu comme contraignant. C'est évidemment la question du choix. Pour qu'une routine (un rituel, ou une habitude) soit saine et apporte un bénéfice positif, elle doit partir d'une décision interne, personnelle, d'une volonté à s'engager dans quelque chose de manière répétée ; non parce que l'on se sent obligé, mais parce que l'on est convaincu que c'est bon pour soi, que c'est dans son intérêt. C'est le fait de convoquer dans son fonctionnement une discipline consciemment choisie qui fera de ces habitudes répétées une source de stabilité et de liberté interne.

Ni moi avec ce livre, ni votre coach sportif, ni votre mère, ni personne ne pourront vous aider à investir des routines et des rituels de manière positive pour vous. On a beau savoir que couper les écrans une heure au moins avant de se coucher est fondamental pour assurer une meilleure qualité de sommeil, nous sommes nombreux à négliger totalement ce geste de santé. C'est à la fois dramatique et comique, cette façon que nous avons tous de favoriser l'indiscipline sous prétexte que c'est moins désagréable, tout en sachant le mal que ça nous fait... Ne vous inquiétez pas, nous sommes tous dans le même combat, et je crois qu'il est possible de gagner, si ce n'est tout le temps, du moins un nombre significatif de fois.

Les rituels – qu'ils soient simples, comme boire une tasse de thé le matin, ou plus élaborés comme méditer avant de se coucher – créent des repères qui structurent les journées. En intégrant consciemment des actions positives dans notre quotidien, telles que faire de l'exercice, lire ou passer du temps de qualité avec nos proches, nous nous inscrivons dans un processus d'autogestion qui favorise l'estime de soi et renforce la confiance en nos capacités à influencer notre environnement et notre état général. Ces routines et habitudes sont également des points d'ancrage émotionnels. Introduire un rituel apaisant dans la journée peut aider à réguler le stress. Une habitude régulière, une routine ou un rituel peuvent être un refuge émotionnel qui vous permettra de vous reconnecter avec vous-même, et de retrouver un état d'esprit calme et équilibré.

Par ailleurs, la régularité de ces habitudes favorise le renforcement de la discipline et de la persévérance. Ce sont des qualités essentielles pour dépasser n'importe quel obstacle et atteindre n'importe quel objectif dans la vie. S'engager dans une activité régulière par discipline, même lorsque la motivation fait défaut, renforce la capacité de résilience mentale qui permet de surmonter des obstacles, et permet de persévérer dans la poursuite de ses désirs et objectifs. Enfin, lorsque les routines contribuent à partager des rituels avec nos proches, elles aident à renforcer les liens affectifs et le sentiment d'appartenance au groupe.

S'ENGAGER ENVERS SOI-MÊME EST UNE PREUVE D'AMOUR

Maintenir un engagement personnel peut être un réel défi, dans un monde aussi rempli de distractions et de contraintes. Pourtant, l'engagement envers soi-même est fondamental pour cultiver la discipline et la persévérance – deux facteurs essentiels pour atteindre des objectifs personnels à tous les niveaux, mais aussi des conditions fondamentales pour cultiver une bonne santé mentale et physique.

Pour que la discipline et la persévérance puissent être authentiques, il est essentiel que les motivations qui nous animent soient intrinsèques (qu'elles viennent de nous, et non des autres) et bien identifiées. Vous n'allez pas réussir à assurer une activité sportive avec une assiduité suffisante, si vous avez décidé cela parce que c'est bien vu de le faire, ou parce qu'on vous a dit que c'était bon pour votre santé. Cela ne suffit pas. Pour réussir à maintenir un engagement vis-à-vis d'une activité, d'une habitude ou d'une discipline régulière, il faut être convaincu que ne pas le faire sera plus désagréable que de le faire. Il faut que la volonté et la motivation soient sincères et fortes. Il faut être profondément convaincu que cela a une valeur ajoutée pour soi.

Prendre le temps de réfléchir à vos profondes aspirations, volontés et réels objectifs est une première étape importante. Si vous ne savez pas quel est l'intérêt pour vous de vous engager à l'égard de quelque chose, vous remettrez cela toujours au lendemain. Il est important de distinguer objectif et finalité. Si votre finalité est de vous sentir plus serein, l'objectif sera de pratiquer régulièrement de la méditation, par exemple. Si votre finalité est de perdre du poids, votre objectif pourra commencer par être celui de réduire le sucre dans votre alimentation de manière systématique… Il faut surtout que l'objectif ou la finalité de telle habitude ou activité fasse réellement sens pour vous. Plus cet objectif sera précis, mesurable et réalisable, plus votre engagement personnel sera solide.

Pour maintenir l'engagement, la discipline et la persévérance, il faut, bien entendu, une motivation forte. La motivation n'est pas le simple fruit d'une volonté, c'est un processus complexe qui implique des aspects psychologiques et neurophysiologiques. Au niveau neurophysiologique, la motivation est associée à plusieurs systèmes de neurotransmission et de récompense dans le cerveau. Le système dopaminergique d'abord joue un rôle crucial dans la motivation, en régulant les comportements visant à obtenir de la récompense.

En raison du lien entre dopamine et sentiment de plaisir, il est clair que la motivation ne sera pas entretenue par des échecs constants, ni par l'absence de bénéfice ou par des sensations désagréables qui ne seront pas compensées par un autre type de bénéfice (exemple : faire un sprint n'est pas physiquement agréable, mais dépasser ses limites et constater que l'on a couru plus vite que la veille, ou que son voisin, peut être stimulant et plaisant). D'où l'intérêt de choisir ses objectifs, et de les construire de façon que des petites victoires soient possibles rapidement.

J'aime bien utiliser le sport comme exemple, parce que ça me parle beaucoup et parce que c'est très concret. Imaginez que vous ayez l'objectif d'avoir des jambes fines et bien galbées. Vous allez en salle, vous vous entraînez durant un mois, et vous êtes déçu parce que vous êtes encore loin du résultat attendu ; alors vous vous découragez, vous devenez moins régulier, et vous arrêtez. C'est une erreur classique que de rester focalisé sur la finalité et non sur la concrétisation des étapes qui vont vous conduire à cette finalité. Si, au lieu de vouloir sortir de votre entraînement avec des jambes parfaitement galbées, vous décidez que l'objectif est de faire plus de squats que la dernière fois, ou de pousser plus de poids que la semaine précédente, vous aurez toutes les chances de réussir, et d'entretenir ainsi le système de récompense et la motivation pour pouvoir persévérer dans vos entraînements. Cela arrivera grâce au système dopaminergique qui viendra entretenir les bons niveaux de dopamine dans votre système. Gardez à l'esprit que les niveaux de dopamine influencent votre motivation, car ils sont liés à la perception de la récompense et au plaisir associé à la réalisation d'une tâche ou d'un objectif ; et non à la tâche ou à l'objectif en eux-mêmes. Attention donc à ce que vous racontez à votre cerveau !

S'engager de manière régulière et stable implique une attention soutenue et une certaine vigilance. La noradrénaline est un autre neurotransmetteur impliqué dans la régulation de l'attention, de la vigilance et de la motivation, en particulier dans des situations de stress ou de défi. Pour stimuler ce système, une alimentation riche en tyrosine, qui en est un précurseur, un sommeil de qualité et la pratique d'une activité physique régulière (surtout d'aérobie), en plus d'une bonne gestion du stress, sont fondamentaux. Vous aurez compris : tout est intriqué ; et, en effet, on n'a rien sans rien, je ne vous ai pas menti.

D'autres systèmes et circuits sont également en jeu. Bien que le rôle de la sérotonine dans la motivation soit plus complexe, nous savons que la baisse d'humeur dans la dépression est en lien avec des niveaux bas de sérotonine, et que cela impacte la motivation. La motivation, au niveau neurophysiologique, est le résultat de l'interaction complexe entre plusieurs systèmes de neurotransmission et circuits neuronaux dans le cerveau (impliquant ceux de la mémoire, de l'apprentissage et de la prise de décision), qui régulent notre comportement en réponse à des stimuli externes et internes, en tenant compte de la perception de la récompense et de l'apprentissage associé.

La création de routines et de rituels peut offrir une structure favorisant la discipline et la persévérance. Intégrer des habitudes positives dans notre quotidien – comme une routine matinale, une séance d'entraînement régulière ou une période dédiée à la planification – renforce l'engagement envers nos objectifs. Plus nos actions seront ancrées dans une routine cohérente, plus nous serons déterminés à persévérer malgré les obstacles. Par ailleurs, il est important de bien se connaître, afin d'être conscient de ses limitations, tout en capitalisant sur ses forces pour évoluer efficacement à travers les embûches du chemin. Cultiver la bienveillance envers nous-mêmes nous aidera aussi à surmonter les moments de doute et de découragement qui font partie de la trajectoire de tout être humain (vous croyez que je n'ai jamais manqué une séance d'entraînement pour des mauvaises raisons ?).

Une autre manière de renforcer son engagement personnel est de le renforcer à travers un réseau de soutien. Le soutien de mentors, de pairs et d'amis permet de s'encourager, de se motiver et de trouver du réconfort dans les moments difficiles.

PRENDRE SOIN DE SON LIEU DE VIE, C'EST PRENDRE SOIN DE SOI

La simple action de ranger et d'organiser son environnement peut sembler être une tâche banale. Cependant, sous cette apparence anodine se cache un puissant outil pour cultiver notre bien-être mental. En effet, les recherches démontrent de plus en plus que l'état de notre environnement physique influence profondément notre santé mentale et émotionnelle. Le désencombrement de notre environnement physique peut avoir un impact significatif sur notre bien-être. Nous débarrasser des objets inutiles et organiser notre espace de vie libère notre esprit du désordre. Le désencombrement favorise la clarté mentale, en réduisant les distractions et en permettant une meilleure concentration sur les tâches importantes.

Le désordre est source de stress et d'anxiété, car il est perçu par notre cerveau comme une surcharge sensorielle, entraînant un sentiment d'agitation et d'incapacité à se détendre. Certaines études ont même suggéré que le rangement apporterait des bénéfices proches de ceux de la méditation. L'action de ranger peut être une forme de méditation en soi. En nous concentrant pleinement sur la tâche à accomplir, en accordant une attention particulière à chaque objet et en étant conscients de nos actions, nous pratiquons la pleine conscience. Cette focalisation sur le moment présent favorise le détachement des pensées négatives en lien avec le passé et le futur.

Par ailleurs, un environnement propre et organisé peut également renforcer l'estime de soi. Faites du rangement, et observez les résultats tangibles de vos efforts sur votre sentiment de fierté et d'accomplissement. En prenant soin de votre espace de vie, vous rappelez à votre esprit sa capacité à exercer un contrôle sur votre environnement, et sur votre vie en général. Lorsque l'esprit n'est pas encombré par le désordre, il est libre pour se concentrer sur des tâches créatives et intellectuelles. Même notre efficacité et notre motivation se trouvent améliorées par la facilité d'accès aux choses dont nous avons besoin.

Prendre soin de notre environnement physique va au-delà de l'apparence esthétique de notre espace de vie. C'est un acte d'autosoin essentiel, qui a un impact profond sur notre santé mentale et émotionnelle. Ranger n'est pas seulement une activité domestique, c'est un moyen de cultiver son bien-être mental.

LE POUVOIR DU PARDON

Le pardon est souvent associé à la guérison des blessures émotionnelles et au maintien de relations saines. Mais, au-delà de ces perceptions, le pardon a une influence sur notre bien-être psychique. En laissant aller les rancœurs et les ressentiments – envers nous-mêmes ou envers autrui –, nous libérons notre esprit d'un fardeau émotionnel qui entretient des sentiments anxieux et dépressifs.

Puisqu'il favorise la réconciliation et la restauration de la confiance, le pardon peut renforcer les liens avec nos proches. Notre capacité à nouer des relations authentiques grandit, et notre résilience psychologique, notre capacité à faire face et à nous rétablir après des adversités, est renforcée. En adoptant le pardon, nous développons la capacité à surmonter les expériences traumatisantes et à trouver un sens et un but dans nos épreuves.

Il est néanmoins important de définir ce que pardonner à soi et à autrui implique réellement. Je ne suis absolument pas d'avis qu'il faille accepter des comportements inacceptables. Pardonner n'est pas être d'accord, ni cautionner ou continuer d'accepter un comportement violent. Cependant, pour se libérer de la souffrance générée par les sentiments négatifs qui nourrissent tout ressentiment, le pardon est un passage essentiel. Le pardon ne porte pas sur les comportements, ni sur les choses qui arrivent ni même sur les attitudes d'autrui. Le pardon ne peut porter que sur l'essence humaine qui est celle de chacun : imparfaite, insuffisante et parfois injuste et cruelle. Le pardon est la qualité de savoir être doux. Dans son livre Puissance de la douceur, Anne Dufourmantelle décrit bien ce que la douceur peut avoir de puissant et je pense que la douceur est une qualité inhérente au pardon. Voici comment Anne Dufourmantelle explique la puissance de la douceur que j'associe au pouvoir du pardon : «Son privilège est l'accord. Elle tient compte de la cruauté, de l'injustice du monde. Être doux avec les choses et les êtres, c'est les comprendre dans leur insuffisance, leur précarité, leur immaturité, leur bêtise... [c'est] inventer l'espace d'une humanité sensible, d'un rapport à l'autre qui accepte sa faiblesse ou ce qu'il pourra décevoir en soi. Et cette compréhension profonde engage une vérité [...] : ce sera toujours la noblesse des doux de pouvoir, sans condamner, poser un regard sur ce qui dévaste et sur ce que dévastent les violents.»

Le pardon porte sur la dimension humaine et spirituelle de chaque être, rien d'autre. Le ressentiment, le non-pardon, est une punition que nous nous infligeons à cause d'une erreur commise par quelqu'un d'autre. C'est un réel gâchis pour soi-même.

Ce qu'il faut pardonner, ce n'est pas le comportement de quelqu'un, ni la situation en soi. Ce qu'il faut pardonner, c'est l'incapacité de l'autre, le manque d'empathie de l'autre et la cruauté qui ne lui ont pas permis de respecter mes besoins, mes limites ou mon intégrité. Je sais que c'est un concept bien difficile à intégrer, mais j'ai réussi à le faire lorsque j'ai pu faire face à mes propres imperfections et incapacités ; le jour où j'ai pu m'aimer véritablement et inconditionnellement, en comprenant que j'étais moi aussi imparfaite et insuffisante à maints égards. J'ai compris qu'il ne s'agissait pas de pardonner, mais d'accepter soi-même et l'autre avec ses défauts, ses qualités et ses erreurs. Accepter et laisser aller. Ce n'est pas parce que je pardonne, ou que j'accepte la faille de quelqu'un, que je dois l'accueillir ou le garder dans ma vie. C'est l'erreur diffusée par l'idée de «pardon sans limites» qui m'avait empêchée jusqu'à récemment d'accéder au pardon. Pardonner, c'est laisser partir sa rancœur, tout simplement. Cela se passe en soi, avec soi et pour soi. L'autre n'a rien à voir là-dedans. L'autre a fait ce qu'il a fait, et aucun ressentiment ne pourra soulager la peine qu'il a infligée. Seuls le pardon et l'acceptation de ce qui est peuvent permettre d'aller de l'avant de nouveau, d'accéder à la résilience, et de surmonter les traumas.

Chaque être humain vient au monde avec des besoins fondamentaux qui ne sont pas toujours respectés. Nous sommes tous profondément imparfaits. Si j'ai subi un préjudice, il est normal que je me sente en colère. Toutefois, à moins qu'une réparation puisse être obtenue concrètement, cultiver ce ressentiment à l'intérieur de moi ne fait qu'entretenir ma propre souffrance. Le pardon – à soi-même et aux autres – se nourrit d'une prise de conscience individuelle en ce qui concerne notre propre imperfection. Ainsi, nous cultivons la compassion envers nous-mêmes et les autres.

LA CULPABILITÉ EXCESSIVE : CETTE CONSTRICTION ÉMOTIONNELLE

Le sentiment de culpabilité a un impact dévastateur sur notre bien-être mental, participant activement à l'entretien des sentiments de stress, d'anxiété et de dépression. Se sentir coupable peut, dans certains cas, conduire à une remise en question nécessaire et bénéfique, mais lorsque la culpabilité devient envahissante et disproportionnée ou qu'elle porte sur des choses sur lesquelles il n'est plus possible d'agir, elle devient contreproductive et peut dégrader notre vision de nous-mêmes, notre estime et notre confiance. De ce fait, elle va inexorablement affecter notre relation envers nous-mêmes, mais aussi avec les autres.

Notre cerveau ne peut supporter qu'une certaine quantité de stress, qui peut aussi se traduire par des pensées et des émotions négatives. Il arrive un moment où le corps ainsi que le psychisme doivent se défendre ; et quand fuir ou se battre n'est plus possible, la seule issue reste l'immobilisation. Chez l'humain, s'immobiliser dans la réponse au stress équivaut à « faire le mort » chez l'animal.

Il faut entendre cet état d'immobilisation comme un état de contraction, de spasme, comme un gel (en référence au terme anglais freeze) qui se propage de l'extérieur vers l'intérieur. C'est comme si, à force de résister, votre corps et votre esprit, ne parvenant plus à tenir, étaient figés par une crampe généralisée. Une crampe physique et mentale, pouvant aller jusqu'à la tétanie. C'est une image, bien entendu, même si je soupçonne l'existence de processus neurophysiologiques qui ne seraient pas si éloignés entre ce freeze émotionnel et une crampe musculaire.

Comme j'aime bien explorer les analogies et générer des théories aussi amusantes que bien fondées, je vais approfondir cette idée. Après tout, avant la validation empirique des choses, il faut bien formuler des théories. Bien que semblant être des réactions très éloignées l'une de l'autre, la crampe musculaire après un effort intense et le gel émotionnel induit par une culpabilité excessive partagent (il me semble) des mécanismes physiologiques et des réponses au stress comparables. De fait, certaines études ont montré que le stress chronique associé à la culpabilité pouvait augmenter le risque de maladies cardiovasculaires et d'autres problèmes de santé.

Durant un effort physique intense, en raison de l'épuisement des réserves de glycogène, de l'accumulation de lactate et de la fatigue des fibres musculaires, les muscles subissent une tension, et donc un stress important. Si cette tension dépasse une certaine limite, elle peut générer des spasmes musculaires, manifestés par une crampe. De façon similaire, le gel émotionnel en réaction à une culpabilité extrême est une réponse à une réaction de stress chronique, générée par le poids émotionnel et cognitif des pensées relatives à ce sentiment. Cette réponse – comme toute réponse au stress – affecte le fonctionnement du système nerveux autonome et du système endocrinien.

Le gel émotionnel, se traduisant par une incapacité soudaine à réagir émotionnellement, pourrait être comparé à une crampe musculaire mentale. Tout comme une crampe résulte d'une contraction musculaire involontaire due à un déséquilibre électrolytique, le gel émotionnel pourrait être la manifestation d'une « crampe » mentale causée par un dysfonctionnement similaire au niveau des neurotransmetteurs et des signaux neuronaux. D'ailleurs, les effets sur l'humeur du manque de magnésium sont largement admis. De plus, il n'y a pas de raison de penser que le stress chronique associé aux pensées et émotions générées par la culpabilité excessive ne peut déclencher une libération excessive de cortisol, l'hormone du stress, qui a des effets négatifs connus sur le métabolisme musculaire et sur l'état psychique ; notamment l'intégration, l'expression et la régulation des émotions et des comportements.

Dans les deux cas, ce sont des manifestations d'un système de régulation qui devient dysfonctionnel en raison de l'épuisement des ressources, et qui réagit de manière excessive aux stimuli stressants. Dans les deux cas, corps et esprit se trouvent confrontés à un niveau de stress au-delà de ce qu'ils peuvent gérer efficacement ; ce qui va entraîner des réactions physiologiques et émotionnelles dysfonctionnelles. Dans les deux cas, c'est le fait de cesser de lutter contre la douleur qui ouvre la voie au soulagement.

Comment se libérer de la culpabilité ?

Si vous avez déjà eu une crampe musculaire, vous savez probablement que plus vous lui résistez, plus elle s'amplifie. Il existe ainsi un pouvoir insoupçonné dans la capacité à accepter ce qui est, sans opposer de résistance, tout en se concentrant sur ce qu'il est possible de faire. Quand j'ai une crampe, je m'efforce de l'accepter sans lutter, et pour ce faire, me concentrer sur ma respiration est d'une grande aide. Bien entendu, c'est un effort différent de celui qu'exige l'acceptation d'une douleur telle qu'un sentiment de culpabilité écrasant ; cependant, quand vous ne pouvez rien faire, il n'y a pas d'autre issue possible, si vous souhaitez en être soulagé.

C'est justement cela, le sujet : que peut-on faire ? D'abord, il faut se rappeler que la culpabilité ne vient jamais seule. Ce sentiment est bien souvent accompagné d'une forte colère. Poser un regard sincère sur soi, afin d'identifier ce qui cause la culpabilité, implique de faire face à cette colère également. Et le pardon doit porter sur les deux sentiments : se pardonner de se sentir coupable (ou d'être coupable), et se pardonner de la colère ressentie envers soi pour cette même raison. Face au sentiment de culpabilité, deux cas de figure sont possibles : soit elle porte sur quelque chose sur laquelle vous pouvez agir directement ou indirectement afin de trouver un soulagement dans une forme de réparation ou d'excuse ; soit il n'y a rien que vous puissiez faire de concret, et dans ce cas l'acceptation est la seule voie. Face au sentiment de culpabilité, il est nécessaire de faire une analyse éclairée de sa conscience, afin de déterminer à quel point ce sentiment se justifie sur la base de faits, et si l'intensité de l'émotion ressentie est bien en cohérence avec cela. Ensuite, il y a lieu d'assumer pleinement sa responsabilité et d'agir en conséquence.

Il est très classique de s'en vouloir et de se sentir coupable lorsqu'on fait une analyse rétrospective d'événements douloureux. Bien que l'on puisse émettre l'hypothèse qu'il est toujours possible de mieux faire, cette possibilité n'est pas un fait en soi ; et il ne faut pas oublier que vos processus de prise de décision dans des situations difficiles, et donc stressantes, sont le plus souvent automatiques et visent à assurer votre propre survie. Heureusement, vous avez une conscience, et il est possible de vous engager dans une réflexion cohérente dans certains cas, afin de ne pas répéter les mêmes erreurs.

Dans tous les cas, face à la culpabilité, deux possibilités existent pour vous soulager : l'action ou l'acceptation. Le courant philosophique du stoïcisme nous apprenait déjà que nous devons accepter ce qui est hors de notre contrôle et nous concentrer sur ce que nous pouvons contrôler, à savoir nos pensées, nos actions et nos attitudes. Cela veut dire accepter les circonstances externes telles qu'elles se présentent – qu'elles soient favorables ou défavorables – et chercher à cultiver la tranquillité d'esprit et la sagesse intérieure, notamment à travers les actions et attitudes pouvant être contrôlées, et grâce à un travail sur la qualité de nos pensées et émotions.

L'acceptation, dans le stoïcisme, est liée aux notions de « vertu » et de « sagesse ». Ce courant philosophique incite, en effet, à chercher à développer des qualités telles que la résilience, le courage, la modération et la justice. Il s'agit d'accepter les événements de la vie tels qu'ils surviennent, sans résistance inutile, afin de maintenir l'équilibre intérieur, et d'agir de manière juste et vertueuse. Ce qui revient à trouver un positionnement qui permettra de répondre de plus près à la fois au besoin de cohérence du corps et à celui de bien-être de l'esprit.

La pratique de la pleine conscience entraîne notre capacité à prendre du recul par rapport à nos émotions, et à observer nos pensées sans y réagir de manière automatique. En pratiquant la pleine conscience, nous pouvons apprendre à identifier les pensées et les émotions qui alimentent la culpabilité, sans entrer en réactivité, en combat, avec elles. Simplement en les regardant, sans autre forme de jugement. Cultiver la compassion envers soi-même peut également nous aider à mieux comprendre nos limitations, et à nous pardonner. Enfin, pardonner à soi-même et aux autres est un acte de libération. Le pardon signifie choisir de ne plus laisser ces émotions négatives nous contrôler.

Chacun fait du mieux qu'il peut : qu'est-ce que cela veut réellement dire ?

J'ai beaucoup hésité à faire un volet sur la colère, dans ce livre, car c'est une émotion bien souvent intriquée au sentiment de culpabilité, mais aussi à celui de honte. Cette colère, qui est tantôt dirigée vers autrui tantôt vers soi, n'appartient en réalité qu'à celui qui la porte en lui. Il est toujours utile d'entendre sa colère, car elle nous raconte ce qui nous blesse, elle révèle d'où viennent notre honte et notre culpabilité. Cependant, il est rarement utile de la garder en soi. Ce serait comme laisser un squatteur venir occuper une pièce de notre maison.

Il est important, à mon sens, de pouvoir intégrer une vérité qui est assez dure à avaler mais qui est pourtant bien légitime. Cette vérité est celle qui révèle que chaque être humain, aussi cruel soit-il, ne fait que ce qu'il peut – ou sait – faire de mieux, en conscience ou non. Mais une rose ne peut pas sentir comme une pâquerette ; tout comme un chien ne sait pas miauler. Chacun ne peut exprimer que ce qu'il est profondément, à moins de (pour l'être humain) s'engager dans un effort conscient pour freiner ses tendances naturelles. N'empêche que la nature profonde de quelqu'un ne change pas. Seuls ses comportements changent, grâce à des choix conscients. Nous avons cet avantage, en tant qu'êtres humains, de pouvoir nous interroger sur nos propres actions, nous auto-analyser, et décider de nous éduquer afin d'agir autrement (mais tout cela dans la limite des ressources de chacun…). Ainsi, « chacun fait du mieux qu'il peut » veut dire que chacun ne peut donner de lui-même que ce qu'il lui est possible de donner en un instant T, que ce qu'il est et a en lui en cet instant. Tout comme chacun ne peut comprendre que ce qu'il peut accueillir dans le champ de sa conscience et de sa raison à un instant T. Cela ne veut pas dire que c'est juste, ni que c'est suffisant. C'est simplement ce qui est possible.

Pour comprendre cette notion, il est nécessaire de tenir compte de la complexité et de la diversité de facteurs qui influencent nos actions et nos décisions individuelles.

Chaque être humain a des expériences de vie uniques. Ces expériences individuelles façonnent notre façon de penser, de ressentir et d'agir. Notre éducation, notre culture, nos relations familiales, nos succès et nos échecs passés, et bien d'autres expériences encore fournissent les fondations qui viendront constituer nos limitations et nos forces.

En termes de ressources, de compétences et de connaissances, il est naïf de penser que nous sommes tous égaux. Ces différences vont influencer notre capacité à prendre des décisions et à agir de manière plus ou moins optimale dans certaines situations.

En plus de ces différences interindividuelles, portant sur des caractéristiques personnelles, les conditions externes (pressions sociales, économiques ou environnementales) peuvent limiter les choix et les actions de certaines personnes à un moment donné de leur trajectoire. Parfois, bien qu'étant conscientes qu'il serait mieux de faire autrement, il est difficile pour certaines personnes de produire leur meilleur effort dans certaines circonstances. D'où la culpabilité qui peut venir sanctionner ce qui est perçu comme « un manque de vertu ou de courage » ; alors qu'en réalité ce n'est qu'un manque de ressources pour pouvoir faire autrement.

Le stress, l'anxiété, la dépression ou d'autres problèmes de santé mentale peuvent également influencer notre capacité à agir de manière optimale. Il est important d'être honnête et juste avec soi-même, lorsqu'on tient compte de tous ces paramètres, qui pèsent sur nos réactions et nos choix. Face à des situations difficiles, le stress et les émotions peuvent limiter notre motivation, notre concentration et notre capacité à prendre des décisions rationnelles.

Ce n'est pas une excuse pour ne pas agir en conscience face aux situations, ni pour ne pas assumer ses responsabilités quant à ses erreurs. J'ai moi-même fait beaucoup de mauvais choix et eu moult comportements pas très bons pour les autres, c'est un fait. Toutefois, je n'ai pas à me sentir coupable, puisqu'à l'époque ma propre souffrance et ma condition ne me permettaient pas de faire autrement. Ainsi, j'ai fait du mieux que j'ai pu, et je peux accepter que cela puisse ne pas être toujours parfait ou même suffisant. Tout est question d'analyse consciente, d'honnêteté et de responsabilité vis-à-vis de soi et des autres.

Que ce soit en raison de son vécu, de ses perceptions, de ses valeurs, des particularités de la situation et de la complexité du moment, chacun fait avec ce qu'il arrive à mobiliser. Parfois c'est juste, parfois ça ne l'est pas, mais c'est toujours le mieux que vous pouviez faire à ce moment-là. Et assumer le fait que ce n'était peut-être pas suffisant sans pour autant vous blâmer est aussi libérateur que le fait de se pardonner et de pardonner à autrui. La notion selon laquelle « chacun fait du mieux qu'il peut » tient compte de la réalité complexe et subjective de l'expérience humaine. C'est une invitation à exercer de l'empathie et de la compréhension envers soi et envers les autres, en reconnaissant les défis et les limites auxquels chacun est confronté dans sa vie.

SE REGARDER POUR DE VRAI, ET S'AIMER INCONDITIONNELLEMENT

Qui êtes-vous ? Quelles peurs, quels complexes, quelles qualités, quelles réussites vous composent ? Lorsque nous nous regardons, c'est généralement d'une manière assez superficielle et critique, centrée sur l'identification de ce qui ne va pas. Cette tendance que nous avons à nous juger négativement est variable selon chaque individu, et fluctuante selon les périodes de l'existence. Se regarder pour de vrai demande une flexibilité mentale importante, un élargissement du champ de l'attention et de la conscience. Cela demande aussi du temps et du silence.

Il est rare que nous prenions du temps pour nous auto-observer. Généralement, nous vivons une vie remplie de distractions (utiles ou non), qui nous éloignent de notre nature profonde. Pour observer l'essence de toute chose, pour reconnaître ce que chaque chose a d'unique en elle, il faut s'arrêter pour l'observer avec une attitude curieuse et accueillante (sans jugement et sans attente). C'est extrêmement difficile, et je ne suis pas certaine que nous puissions nous connaître complètement.

Nous pouvons, par l'observation attentive de soi, connaître une bonne partie de nos tendances internes et reconnaître certaines de nos facettes. Cependant, l'être humain garde toujours une part de mystère en lui-même ; et c'est ainsi que, à n'importe quel moment de la vie, il est toujours possible de se surprendre soi-même.

Plus que se connaître, il s'agit de se regarder, de prendre le temps de porter sur soi un regard attentif et curieux. La bienveillance dans cette attitude est fondamentale. Personne ne peut se livrer sincèrement, s'il n'y a pas de bienveillance chez le récepteur, s'il n'y a pas une attitude sincère de non-jugement chez celui qui observe.

Se regarder véritablement se fait dans le calme, l'immobilité et le silence. Il s'agit de prendre le temps de s'auto-observer, comme on observerait un paysage, avec tout ce qu'il a d'agréable et de moins agréable. Cette pratique implique une profonde introspection, mais surtout un travail profond d'acceptation, indépendamment de nos imperfections et de nos erreurs.

Explorer nos pensées, nos émotions et nos motivations les plus profondes, sans jugement ni critique, demande beaucoup de courage ; et il est normal de se sentir vulnérable dans ce type d'exercice. Accepter cette vulnérabilité est également une condition nécessaire pour accéder à l'amour inconditionnel de soi.

Nous avons tous eu des parents plus ou moins aimants, plus ou moins soutenants et bienveillants. Cependant, nous savons tous instinctivement à quel point il est important pour un enfant de sentir qu'il est vu, entendu, compris, soutenu, aimé pour qui il est ; et ce, indépendamment de ses imperfections. Tout enfant espère pouvoir conserver un amour inconditionnel de la part de ses parents ; et ce besoin, nous le portons tous en nous pour le reste de nos vies.

Il s'agit donc d'adopter – même si vous avez le sentiment de ne pas l'avoir connu – une attitude bienveillante vis-à-vis de soi. Un parent suffisamment bon n'est pas celui qui ne reconnaît aucun défaut à son enfant. Le parent suffisamment bon est celui qui regarde son enfant avec une telle attention, une telle bienveillance qu'il est capable de l'aimer malgré ses défauts, tout en l'accompagnant dans ce qui peut être amélioré. Il préserve la capacité de son enfant à croire qu'il ne se définit pas par ses défauts, ni par ses erreurs ni par ses échecs. Il l'encourage à les dépasser, tout en lui montrant qu'il l'aime déjà tel qu'il est ; et pour cela, il veille au respect de ses limites et de ses besoins les plus fondamentaux.

Pour se regarder et s'aimer pour de vrai, il faut que l'adulte que vous êtes devenu adopte l'enfant qui demeure en vous, et qu'il le regarde comme un parent suffisamment bon l'aurait fait.

LA FORCE DES MOTS : L'INFLUENCE DE NOTRE DISCOURS SUR NOTRE ÉTAT MENTAL

Nous nous parlons en permanence, ce n'est pas une nouveauté. Il en va même de la nature de nos pensées que de commenter constamment notre expérience. Loin d'être anodine, cette tendance remplit différentes fonctions. Tout d'abord, elle permet de soutenir le raisonnement et de donner sens à notre expérience. Mettre les choses sous forme de mots les rend, en quelque sorte, concrètes ; et de cette façon il est possible de les intégrer dans notre esprit de manière plus consciente. La qualité de ce discours n'est pas neutre ; et nos pensées, bien qu'elles ne soient pas des faits, peuvent exercer une influence sur notre vision de nous-mêmes, sur notre état mental et physique, et même sur nos performances. Une pensée est donc loin d'être banale, et nous devrions faire attention à celles que nous avons tendance à cultiver. Le pouvoir de nos pensées autodirigées et de notre discours interne sur notre état général, et surtout psychique, a été démontré par des études en neurosciences et en sciences cognitives. Ce n'est donc pas seulement une possibilité théorique.

Les neurosciences ont pu étudier et observer la manière dont notre cerveau réagit aux mots et aux phrases que nous utilisons pour nous décrire. En fonction de la tonalité de notre discours, notre cerveau libère des neurotransmetteurs tels que la dopamine et la sérotonine, renforçant ainsi notre sentiment de bien-être ; ou bien du cortisol, l'hormone du stress, ce qui peut entraîner des sentiments d'anxiété et de dépression à long terme. Il vous suffit de faire le test. Mettez-vous à vous parler de manière très négative, et ressentez ce qu'il se passe dans votre corps. Nous avons une capacité prodigieuse à nous autodétruire en utilisant notre propre appareil psychique, notre propre mental ; et nous pouvons supposer que l'inverse est également vrai.

Notre discours interne joue un rôle crucial dans la formation de notre estime de soi. Ce n'est pas tellement le regard des autres qui compte, car le regard des autres n'a d'effet négatif sur moi que s'il résonne avec une croyance qui siège déjà en moi. Les mots que nous utilisons pour nous décrire façonnent notre perception de nous-mêmes, et cela tant sur le plan du dialogue interne qu'externe. Présenter sa personne de manière dénigrante ou excessivement critique, et manquant de bienveillance, c'est faire preuve d'une grande injustice et d'un manque de respect envers soi. Personne n'est parfait, mais ce n'est pas pour autant qu'on ne possède aucune qualité, ni qu'il faille se dénigrer dans son propre discours. Adopter un discours autodévalorisant, en se critiquant constamment et en se sous-estimant, ne peut que conduire à une baisse de l'estime de soi et à un sentiment général d'incompétence (qui sera également perçu par les autres, renforçant ainsi notre vision négative de nous-mêmes). En revanche, un discours positif et encourageant, tout en étant réaliste, est plus à même de renforcer notre confiance en nos capacités.

Les pensées négatives et autodépréciatives sont souvent associées à des états émotionnels tels que la tristesse, la frustration et l'anxiété. Il suffit d'être observateur et de se souvenir de la première partie de ce livre pour comprendre que si vos pensées sont négatives, l'ensemble de votre corps en pâtira. Vous avez déjà vu quelqu'un de déprimé marcher la tête haute, avec une posture ouverte et élevée, et d'un pas confiant ? Ainsi, notre discours interne va jusqu'à influencer notre posture, notre comportement et nos actions. Les personnes qui entretiennent un dialogue intérieur positif ont tendance à être plus résilientes face aux défis, à persévérer dans leurs efforts, et à prendre des risques calculés pour atteindre leurs objectifs. En revanche, un discours interne négatif est plutôt paralysant, et favorise l'évitement de situations qui pourraient être bénéfiques pour notre croissance personnelle.

Améliorer la façon dont vous vous parlez – et dont vous parlez de vous – est donc fondamental dans votre démarche pour prendre soin de vous. La pratique de l'observation de vos pensées et paroles vous permettra de prendre conscience de la qualité et de la nature de votre discours. Il faudra ensuite le corriger, consciemment et volontairement. Cela doit être fait aussitôt que vous remarquez le mal que vous venez de vous faire.

Il ne s'agit pas de répéter bêtement des affirmations positives, mais de restructurer profondément et sincèrement sa façon de parler avec soi-même. Rappelez-vous que vous êtes responsable du respect que l'on vous doit et que, de ce fait, vous êtes le premier à devoir montrer l'exemple. En vous traitant plus justement, plus respectueusement, vous montrerez à votre partie vulnérable qu'elle peut être aimée et qu'elle peut grandir.

Gardez à l'esprit que votre manière de vous adresser à vous-même, de vous parler, de vous traiter, est un des thèmes les plus importants évoqués dans ce livre. Si vous ne changez que cela, le reste suivra. Les neurolinguistes et les études en imagerie cérébrale ont révélé que le langage que nous utilisons pour nous parler activait des régions spécifiques du cerveau : les pensées négatives et autodépréciatives sont souvent associées à une activation accrue de l'amygdale (une région du cerveau impliquée dans le traitement des émotions négatives telles que la peur et l'anxiété) ; tandis qu'un discours interne positif et bienveillant est associé à une activation accrue des régions liées à la motivation, à la récompense et au bien-être (comme le cortex préfrontal et le noyau accumbens).

L'impact sur nos émotions, nos perceptions et nos comportements est donc direct. Prenez ce que vous dites très au sérieux, et pas seulement dans votre tête. Invitez la sagesse ancienne qui préconise de tourner sept fois la langue dans sa bouche avant de parler, pour vous aider à utiliser vos mots comme des éléments de construction et non de destruction.

La pratique régulière de l'autodialogue bienveillant par écrit, centré sur l'encouragement de la partie de soi qui souffre, exerce un impact significatif sur la capacité à dépasser des défis et pensées critiques. L'utilisation de l'écriture comme outil d'expression offre un espace pour explorer ses émotions et ses préoccupations. En s'adressant à ses pensées avec empathie et en adoptant une approche amicale, il est possible de tisser une relation intérieure plus soutenante et bienveillante. Du point de vue neuropsychologique, cette pratique peut remodeler les connexions neuronales liées aux réactions émotionnelles négatives, offrant ainsi une méthode tangible pour gérer l'anxiété et la détresse. La recherche a démontré que le langage positif et compatissant utilisé dans l'autodialogue bienveillant pouvait influencer les schémas de pensée négatifs et renforcer la régulation émotionnelle. En perfectionnant cette compétence, vous pourrez gérer plus efficacement les moments de doute et de découragement, favoriser un dialogue interne plus positif et renforcer votre capacité à affronter vos principaux défis avec une attitude plus résiliente et bienveillante.

IDENTIFIER ET SE LIBÉRER DES VALISES TRANSGÉNÉRATIONNELLES

Inévitablement, nous sommes porteurs, de génération en génération, de modèles de pensée et de comportements hérités de nos ancêtres. Sans que nous en soyons totalement conscients (et parfois pas du tout), ces schémas exercent une influence profonde dans nos vies. Ces valises que nous transportons activent, dans notre vie, des modes de fonctionnement et des modèles de pensée ou émotionnels qui vont se manifester à travers des dynamiques familiales, des croyances limitantes et des répétitions de schémas destructeurs. Comprendre et identifier ces schémas est crucial pour notre développement et pour notre bien-être émotionnel.

Il est difficile de réaliser ce travail soi-même ; une aide psychothérapeutique me semble incontournable. Tous les psychologues ne pourront pas vous aider dans ce travail aussi efficacement que ceux spécialisés systémie.

Reconnaître l'existence de ces schémas et comprendre comment ils ont été transmis à travers les générations nécessite un examen attentif de notre histoire familiale, de nos relations interpersonnelles et de nos propres comportements récurrents. Pour se libérer des schémas transgénérationnels, il est nécessaire d'accéder à la compassion et au pardon de soi et de ceux qui ont été là avant soi. Cela ne signifie pas nécessairement excuser ou oublier les actions passées, mais plutôt choisir de ne plus porter le fardeau du ressentiment et de la rancune liée au passé, et qui parfois ne nous appartient pas directement.

La gratitude envers nos ancêtres est également un aspect important de ce processus. Reconnaître les souffrances, les sacrifices, les limitations, les luttes et les enseignements de nos ancêtres peut nous aider à reconnaître les fondations qu'ils ont posées dans notre vie. En honorant leur héritage, nous nous connectons à notre lignée d'une manière significative et enrichissante.

LE DEUIL : LAISSER PARTIR

Le décès d'un proche est un événement de vie extrêmement douloureux. Face à la tristesse et à la douleur engendrées par la disparition de l'autre, notre réflexe peut être le refus d'accepter ce qui est, et de vouloir éviter tout ce qui pourrait raviver ce sentiment douloureux. Pourtant, accueillir la douleur de cette perte est justement ce qui permet de garder en soi et avec soi le souvenir de l'autre, de son passage, de ce qu'il a été et représenté dans notre vie.

Il est important de reconnaître que le deuil est un processus intime et unique pour chaque personne. Bien qu'il existe des étapes générales du deuil – telles que le choc, le déni, la colère, la tristesse et l'acceptation –, la façon dont chaque individu traverse ces étapes varie en fonction de divers facteurs, tels que sa personnalité, ses expériences passées, mais également la manière dont le décès est survenu (de manière brutale, violente, suite à une maladie longue...) et le réseau social et familial de la personne endeuillée. La durée du deuil est propre à chacun, et il est primordial de permettre à chaque individu de vivre ce processus à son rythme. Il est important et nécessaire de faire face à la réalité de la perte, et de permettre l'expression des émotions. La suppression, ou le refoulement, des sentiments peut entraîner des complications émotionnelles à long terme. Je crois profondément qu'un deuil ne se « fait » pas, il se « porte ». Il se porte toute sa vie en soi.

Cependant, il ne s'agit pas de le porter comme un fardeau. Il s'agit de le porter sans sentir son poids, tout en sachant que c'est une partie de son histoire. Il faut accueillir le deuil dans son expérience, lui donner une place en soi, puis continuer à grandir et à s'élargir tout autour. On ne peut pas arracher cette page, mais on peut continuer à écrire sur le livre de notre existence.

Si la vie est un miracle, c'est justement parce qu'elle est vouée à une fin. Face à la mort, c'est la conscience de la vie qui saisit l'occasion d'exister en chacun de nous. Naître, vivre, mourir puis disparaître. Tel est le cycle de l'existence auquel chacun de nous sera confronté personnellement à un moment ou à un autre. Le souvenir laissé par l'autre est un cadeau qu'il nous laisse suite à son voyage à travers l'existence qui a été la sienne. S'émouvoir face à ces souvenirs, c'est célébrer la mémoire de sa présence, c'est entretenir un lien qui reste malgré l'absence. Pleurez si vous avez besoin de pleurer, regardez les photos, remémorez-vous vos souvenirs, n'évitez pas ce que l'absence de l'autre produit en vous. Cette douleur est l'enveloppe des souvenirs dont on vous a fait cadeau. Accueillez ce cadeau laissé par celui qui est parti, car c'est la voie du réconfort.

Dans l'univers, l'un des plus beaux spectacles est la mort d'une étoile. C'est la fin d'un astre, dont la matière se répand en un amas nébuleux qui donnera naissance à d'autres étoiles… L'être humain, on le sait, est fait de poussières d'étoiles…, mêmes éléments chimiques… L'être humain est un « des astres ». J'aime à me répéter cette phrase, et à me rappeler que « des astres » peut s'entendre en un ou deux mots ; mais dans les deux cas, c'est quelque chose d'absolument touchant et profond, comme toute joie, comme toute douleur ; tout comme la vie, tout comme sa fin.

VERS UN PROFOND RESPECT ET AMOUR DE SOI

Avant de vous conduire à la dernière partie de ce guide, dans laquelle des exercices et des outils pratiques vous seront proposés, je tenais à vous parler encore de ce qu'est une attitude de profond respect et amour de soi. S'aimer et se respecter sont des conditions nécessaires au déploiement de la capacité à prendre soin de soi. Nous ne nous occupons avec soin et amour que de ce qui a de la valeur à nos yeux et que nous aimons véritablement.

S'aimer ne signifie pas s'isoler égoïstement des autres, mais plutôt cultiver la compassion et la gratitude, qui nourrissent à la fois l'amour de soi et l'amour des autres. Pour pouvoir s'aimer, il faut connaître ses propres émotions, besoins et désirs. C'est le besoin fondamental de tout enfant pour un développement optimal : que les adultes lui apprennent à connaître ses émotions, besoins et désirs tout en le guidant, en le soutenant et en validant son vécu de manière appropriée. Se respecter c'est veiller, en tant qu'adulte, à ce que vos limites et besoins fondamentaux soient respectés avec douceur et bienveillance et parfois avec fermeté, mais jamais avec violence. C'est porter un regard sincère et plein envers soi.

L'amour de soi est indissociable de l'empathie et de la compassion. Et, lorsqu'il est véritablement ancré en soi, il ne peut que favoriser un profond sentiment d'interconnexion et de bienveillance envers autrui. L'amour de soi est également ancré dans les mécanismes cérébraux de la récompense et de l'attachement. La pleine conscience offre des outils précieux pour cultiver un véritable regard bienveillant envers soi. Se concentrer sur le moment présent, avec une attitude de non-jugement et d'acceptation, permet de développer une relation plus compatissante envers soi, et favorise une meilleure compréhension des besoins et des souffrances des autres. L'amour de soi ne se limite donc pas à un acte égoïste, mais constitue la fondation d'une vie épanouie et de relations harmonieuses avec les autres.

PARTIE V

Des outils pour vous aider à prendre soin de vous

Nous aspirons tous à améliorer notre bien-être. Et notre potentiel pour accomplir cela est bien plus grand que nous ne le pensons. Regardons l'exemple inspirant des sportifs, pour comprendre à quel point le travail sur soi est une aventure enrichissante. Les sportifs démontrent qu'avec de la persévérance et de l'engagement des résultats extraordinaires peuvent être obtenus. Ils nous montrent que tout commence par l'entraînement, avec dévouement et attention, en se plongeant totalement dans chaque geste et chaque répétition nécessaires à la réalisation de leurs performances.

La persévérance des sportifs s'appuie sur leur conviction que l'amélioration est possible. Cette croyance découle de l'investissement qu'ils ont mis dans leur entraînement, ainsi que de la passion qu'ils ressentent pour leur discipline. Ils ne se focalisent pas seulement sur les résultats finaux, mais trouvent une véritable passion dans le processus de construction de leurs compétences. Par exemple, un gymnaste travaille dur, non pas pour la compétition elle-même, mais pour la satisfaction de maîtriser de nouvelles compétences et de s'améliorer constamment.

Prenons un moment pour considérer notre forme physique : un sportif est responsable de son corps et de sa santé physique. Alors pourquoi ne pas adopter la même responsabilité pour notre bien-être mental ? Bien sûr, il y a des moments où nous pouvons être affectés psychologiquement par des difficultés, tout comme un athlète peut être blessé. Cependant, comme le sportif comprend que la responsabilité de sa guérison lui incombe, nous pouvons également prendre la responsabilité de notre guérison psychologique.

Maintenant, pour être honnête, il est important de noter que je suis là pour vous offrir des outils et des conseils, mais le vrai pouvoir réside en vous. Ce n'est pas facile, et vous serez confronté à un obstacle majeur : vos propres résistances. Faire quelque chose de nouveau, adopter un nouveau comportement ou une nouvelle attitude n'est pas confortable et n'apporte pas de soulagement instantané. C'est la persévérance avec laquelle vous allez travailler sur vous et réaliser les exercices qui détermineront à quel point vous pourrez tirer bénéfice. Vous êtes aux commandes de la façon dont vous souhaitez fonctionner et nourrir cette transformation. Rappelez-vous : vous avez le choix de laisser la nature suivre son cours ou de vous engager activement dans le développement de vos ressources, tout comme le font les sportifs pour atteindre leurs objectifs.

En fin de compte, n'oubliez jamais que vous avez le potentiel de vous épanouir et de progresser dans votre cheminement vers un bien-être psychologique plus épanouissant. C'est une aventure qui peut être aussi gratifiante que celle d'un sportif qui repousse ses limites tout en sachant qu'il n'atteindra jamais la perfection. C'est le fait d'être perfectible qui entretient la motivation, pas l'injonction à devenir parfait. Alors, à vous de choisir de vous engager dans cette quête et de créer une vie mentale plus sereine, et aussi positive et épanouissante que possible, jamais parfaite mais toujours perfectible.

Dans cette section, j'ai tenté de rassembler des exercices permettant de répondre aux différentes difficultés et processus responsables de la dégradation de l'état de bien-être psychologique. Avant de vous servir des exercices proposés, il me semble important de souligner que leur réalisation peut ne pas toujours s'avérer facile, et qu'il peut être utile de chercher un psychologue ou psychothérapeute à même de vous accompagner. Concernant les exercices de méditation, il est possible aujourd'hui de trouver des méditations guidées proposées par des psychologues et psychothérapeutes formés à la thérapie comportementale basée sur la méditation de pleine conscience (MBCT) sur Internet. Je vous recommande de privilégier les méditations guidées classiques (sans musique ou son, en arrière-plan).

La pratique des méditations proposées dans ce guide ne remplace et n'égale en aucun cas le travail de fond réalisé durant les cycles MBCT. Ces cycles suivent une structure bien codifiée et se déroulent sur huit semaines, avec une partie importante de psycho-éducation. Bien que cela puisse être le cas avec la pratique, les exercices de méditation de pleine conscience n'ont pas pour vocation de vous relaxer. Au contraire, la guidance vous invite à maintenir un esprit attentif et éveillé à chaque sensation observée, moment après moment.

La gestion du stress est au cœur des stratégies visant à une meilleure qualité de vie générale. Dans le contexte de la souffrance émotionnelle, adopter ces stratégies me semble encore plus important. La pratique régulière de techniques de relaxation, la méditation et la respiration profonde peuvent aider à calmer le système nerveux et à réduire les réactions de stress. L'apprentissage de la pleine conscience peut permettre de mieux gérer les émotions, en développant une attitude d'observation bienveillante envers celles-ci. Toutefois, la gestion du stress passe d'abord par l'adoption de comportements de santé visant à maintenir une qualité de sommeil adéquate, une alimentation équilibrée, une bonne hydratation ainsi qu'une activité sportive régulière et suffisante.

L'établissement de limites claires et la mise en place de ces routines structurées autour du sommeil, de l'alimentation, de l'hydratation et de l'activité physique peuvent contribuer à prévenir la surcharge émotionnelle de manière très significative. Sans ces piliers, les stratégies de régulation visant à obtenir la relaxation, la respiration ou même la méditation ne suffiront pas. Ainsi, il est important que chacun puisse évaluer honnêtement de quelle manière il s'occupe de ses besoins physiques fondamentaux afin de réaliser les ajustements nécessaires. La communication ouverte avec les proches et la recherche de soutien social sont également essentielles pour partager les ressentis et trouver des solutions ensemble.

La pratique régulière de méditations axées sur l'ancrage, la respiration et la posture offrent des avantages significatifs pour gérer les pensées, les émotions et les sensations douloureuses. Ces méditations facilitent une connexion plus profonde avec le moment présent, en détournant l'attention des pensées anxieuses et des stimuli sensoriels envahissants. En se focalisant sur des sensations tangibles, comme la respiration ou la perception de vos pieds sur le sol, il est possible de cultiver une présence mentale qui atténue l'impact des pensées négatives et des réactions émotionnelles intenses. Ces pratiques de pleine conscience encouragent la plasticité cérébrale en remodelant les circuits neuronaux liés au stress et à l'anxiété. Des recherches ont démontré que la méditation régulière pouvait induire des changements positifs dans les régions cérébrales associées à la régulation émotionnelle, renforçant ainsi la capacité à affronter les défis du quotidien. Intégrer ces méditations dans votre routine vous permettra de mieux gérer l'anxiété, de renforcer votre résilience émotionnelle et de cultiver une sérénité intérieure face aux fluctuations émotionnelles et environnementales.

AVANT TOUT, PRENDRE SOIN DES TROIS PILIERS DE BASE, MAIS PAS QUE…

Il peut être confortable ou romantique pour certains d'entre nous de négliger cette vérité fondamentale selon laquelle l'être humain, aussi social et doté de conscience de soi soit-il, n'est guère différent des autres mammifères. Cela est vrai dans plusieurs aspects, et notamment en ce qui concerne les mécanismes impliqués dans la réponse au stress ; celle-là même grâce à laquelle nous avons survécu à beaucoup de défis adaptatifs le long de notre évolution, mais aussi grâce à laquelle beaucoup d'entre nous peuvent succomber physiquement et mentalement. La réponse au stress a deux tranchants : un adaptatif et un dysfonctionnel. Lorsqu'elle est adaptative, elle ne cause pas de dégâts, car elle reste limitée dans le temps. Dans le cas contraire, lorsqu'elle se prolonge, ou bien lorsqu'elle s'active de manière excessive, elle devient toxique pour l'organisme, l'empoisonnant et l'épuisant progressivement.

Gérer le stress

Le stress est une réponse naturelle de l'organisme face à des situations perçues comme menaçantes ou exigeantes, et peut avoir un impact significatif sur la vie quotidienne. Nous ne sommes pas tous égaux face au stress. À stimulus égal, la sensibilité, la résilience de chacun est variable, et même au niveau individuel, nos réactions peuvent varier elles aussi. Si vous avez une sensibilité exacerbée, votre propension à percevoir et à ressentir des situations ou des stimuli ordinaires comme plus stressants sera exacerbée. Les conséquences physiques et psychologiques seront d'autant plus importantes que votre niveau de stress perçu dans ces situations sera élevé. Pour cette raison, la réactivité émotionnelle, apparaissant lorsque les ressources internes commencent à s'épuiser, peut intensifier la vulnérabilité aux effets du stress.

Sur le plan physique, le stress peut provoquer des symptômes tels que des tensions musculaires, des maux de tête fréquents et des troubles digestifs. Chez une personne dont la stabilité émotionnelle commence à être fragilisée, ses manifestations pourront être amplifiées en raison des modifications transitoires ou plus importantes dans la qualité du traitement des informations sensorielles. Cela a pour conséquence d'influencer les seuils de perception et de tolérance à la douleur (douleur ici qui doit être entendue de manière générale : physique ou émotionnelle). Les mêmes mécanismes vont influencer les seuils de tolérance émotionnelle au stress, intensifiant la détresse émotionnelle. Ainsi, les sentiments d'épuisement physique et mental peuvent être fréquents et se chroniciser.

J'aime faire la distinction entre le cerveau en tant qu'organe et notre esprit conscient qui se traduit par la métacognition, c'est-à-dire la conscience et la régulation de nos propres processus cognitifs. Nous sommes des organismes vivants, et notre conscience de nous-mêmes ne change pas le fait que notre cerveau en tant qu'organe vital est câblé pour assurer notre survie, et non pour nous rendre heureux. Pour cet organe vital qu'est le cerveau, être heureux et en bonne santé n'est pas un objectif. Pour le cerveau, il suffit d'être vivant et potentiellement capable de transmettre ses gènes d'une manière ou d'une autre. Il assure sa fonction, comme le cœur assure la sienne… Si vous êtes vivant, même si c'est en mauvais état, votre cerveau a rempli sa fonction. En revanche, rester en bonne santé mentale et physique est une mission qui doit incomber à votre esprit conscient, celui-là même qui vous permet de critiquer votre propre pensée.

Un organisme stressé rentre en mode « survie ». Dans ce mode, l'énergie restante se concentre sur les fonctions de base qui assurent sa survie globale. Sous stress, les processus mentaux de haut niveau qui orientent le raisonnement objectif, la planification, la résolution de problèmes et la prise de décision sont mis en pause (à moins que votre esprit conscient vienne les relancer). Toutefois, une personne stressée en permanence dispose de peu d'énergie libre, car tout est alloué à la survie. Pour toutes ces raisons, en cas de stress chronique, relancer la machine consciente peut être difficile. C'est tout l'intérêt d'apprendre à mieux gérer le stress, et surtout à développer une meilleure endurance, une meilleure tolérance ou une meilleure résilience, comme vous voulez.

Il est important d'adopter des pratiques et des stratégies permettant une meilleure gestion du stress : des exercices cognitifs visant à la réduction des pensées négatives et à la résolution de problèmes, mais aussi la relaxation, la méditation, et des pratiques corporelles comme le yoga, peuvent contribuer à augmenter la résilience face aux stimuli sensoriels via la réduction de l'anxiété. Si vous êtes moins anxieux, vous aurez plus de ressources internes disponibles pour gérer la fatigue liée à l'exposition sensorielle et ses conséquences sur vous. C'est une affaire de disponibilité psychique, ni plus ni moins.

Voici les habitudes qui vous aideront à mieux gérer les effets du stress physique et mental sur vous :

Sommeil de qualité
Établir une routine de sommeil régulière et créer un environnement propice au repos.

Activité physique
Faire de l'exercice régulièrement, pour se débarrasser des tensions accumulées et favoriser la libération d'endorphines, améliorant ainsi le bien-être émotionnel.

Alimentation équilibrée
Opter pour une alimentation riche en nutriments et en antioxydants, pour soutenir la santé mentale et physique. Réduire les apports en sucre favorise un mieux-être physique et mental.

Hydratation adéquate
Boire suffisamment d'eau, pour maintenir une fonction cérébrale optimale.

Temps de récupération
Intégrer des moments de calme et de solitude dans la journée, pour vous ressourcer et prévenir la saturation sensorielle.

Limitation des stimuli
Réduire votre exposition aux écrans, aux médias et aux informations excessives, pour éviter une surcharge cognitive.

Pause sensorielle
Prendre des pauses régulières dans un environnement calme, pour permettre aux sens de se reposer.

Limitation de la multitâche

Se concentrer sur une tâche à la fois, pour éviter la surcharge cognitive et sensorielle. De toute manière, bien que notre cerveau puisse traiter simultanément plusieurs tâches, il existe des limites inhérentes à cette capacité. La performance et la qualité du traitement tendent à diminuer, lorsque nous nous engageons dans la multitâche, en particulier si elles sont complexes ou concurrentes.

Évitement de la surexposition

Réduire la fréquence des événements sociaux ou des activités susceptibles de provoquer une surstimulation. Respecter vos limites et privilégier la qualité des interactions plutôt que leur quantité.

En adoptant ces comportements de santé et d'hygiène de vie, il vous sera possible de mieux gérer les effets physiques et psychologiques indésirables de la surcharge sensorielle.

APPRENDRE À ACCEPTER ET À GÉRER SON ÉMOTIVITÉ

Cette toile complexe d'émotions qui tisse notre expérience peut être à la fois une source de joie et d'embarras. Apprendre à accepter et à gérer nos émotions est une compétence cruciale pour naviguer avec succès dans la vie moderne, bien que cela ne soit pas toujours facile. L'émotivité est la capacité à ressentir et à réagir aux émotions. Cela implique de reconnaître et d'accepter les sentiments – qu'ils soient positifs ou négatifs – sans jugement. Pourtant, l'environnement dans lequel on évolue peut avoir tendance à privilégier le contrôle des émotions, créant ainsi une certaine stigmatisation autour de leur expression. Cela débute parfois très précocement ; par exemple, lorsque nous grandissons dans un environnement familial qui a tendance à invalider les émotions par leur critique, leur banalisation ou bien leur répression. Beaucoup d'entre nous ont le sentiment que ressentir des émotions ou les montrer est mal perçu, inapproprié ou – pire encore – signe de faiblesse. Cependant, une émotion n'est qu'une information parmi tant d'autres, qu'elle soit pertinente ou non.

Les émotions fournissent des indications sur notre état vis-à-vis d'une situation ou d'un moment donné. En les traitant de manière cohérente, nous les intégrons à notre analyse objective, influençant ainsi nos réactions et contribuant à nos prises de décision. Lorsque nous vivons une expérience, notre cerveau l'analyse, donnant naissance entre autres aux émotions. Certaines situations requièrent des réactions rationnelles, excluant les émotions qui peuvent être inappropriées. Par exemple, éviter l'ascenseur par peur d'être coincé relève d'une émotion excessivement intense face au risque minime et aux conséquences mineures. En revanche, dans bien des cas, exclure les émotions au profit de la rationalité peut être préjudiciable à soi-même et à autrui. Se coucher tôt en prévision d'une matinée chargée est logique ; mais, lorsque nous faisons face à un ami en détresse, être flexible envers ses besoins émotionnels devient tout aussi crucial.

Imaginons que les émotions soient comme des notifications sur notre téléphone. Parmi ces notifications, il y en a qui sont cruciales, et c'est lorsque vous les regardez avec attention que vous pouvez en juger. Lorsqu'une émotion surgit, c'est comme si une notification s'affichait, et il faut la regarder avec attention pour juger si elle est importante, bien fondée ou non. Cette notification ne disparaît pas tant que nous ne l'ouvrons pas et ne la traitons pas, tant que nous n'identifions pas de manière consciente si elle cruciale (et donc à considérer dans notre jugement) ou négligeable (car non fondée). Si nous continuons à ignorer la notification, elle réapparaîtra, de plus en plus insistante, jusqu'à ce que nous lui accordions l'attention nécessaire.

Lorsque le bien-être mental se dégrade, notre aptitude à traiter de manière efficace et cohérente les informations est réduite. Nous sommes dans un état qui est considéré par notre cerveau comme moins apte à la préservation de notre survie. Pour compenser les difficultés à traiter les informations de manière appropriée et réduire le risque de ne pas répondre de manière efficace aux menaces potentielles, notre cerveau va multiplier les vérifications. Pour cela, il va augmenter notre vigilance et réactivité, notamment en rendant nos émotions négatives plus nombreuses, plus fréquentes et plus intenses. Cependant, plus nous sommes exposés fréquemment à quelque chose, moins nous y prêtons attention – c'est le principe de l'habituation. Cette notion peut sembler, à première vue, contre-intuitive voire paradoxale. Pourtant, chez les personnes touchées par une hypersensibilité transitoire ou chronique, il est probable que, du fait de cette habituation, les processus de traitement de l'information émotionnelle qui dépendent de l'attention ne se déclenchent pas de manière efficace (par exemple, pas au moment opportun). Cette réalité n'est en aucun cas incompatible avec l'expérience intense des émotions ; au contraire, comme ces émotions ne sont pas pleinement traitées, ces « notifications émotionnelles » s'amplifient et reviennent de manière incessante. Cependant, au moment où la décharge émotionnelle survient, cette notification est déjà distante de la situation à l'origine de cette réaction, où elle aurait dû être prise en compte. Cela pourrait expliquer pourquoi les personnes en détresse psychique vivent parfois des expériences émotionnelles qui semblent inappropriées ou démesurées par rapport aux situations.

Ainsi, pour gérer son émotivité accompagnant l'hypersensibilité transitoire qui accompagne la dégradation de l'état de santé mentale, il ne suffit pas de se réconcilier avec le fait que ressentir et exprimer des émotions est tout à fait humain et en aucun cas signe de faiblesse. Il est fondamental de réhabiliter notre capacité à nous en occuper quand il le faut. Pour cela, il faut être attentif au moment où la notification apparaît ; s'engager dans une analyse consciente et attentive de cette émotion, pour juger si elle est pertinente et mérite d'être intégrée à notre raisonnement, ou bien si on doit l'écarter.

En développant cette attention consciente des émotions, en les abordant sans crainte, de manière bienveillante, il sera possible d'apprendre progressivement à effectuer le tri dans ces émotions, et de gérer de manière plus efficace celles qui méritent d'être entendues, celles qui sont uniquement en lien avec une surcharge sensorielle ou une fatigue générale, celles qui signalent un besoin ou une limite... En traitant les « notifications émotionnelles » au moment opportun, il est possible que l'envahissement par ces « notifications » soit également réduit.

D'autre part, en nous permettant de ressentir nos émotions, nous réduisons la tension interne engendrée par la lutte contre elles, du fait de notre sentiment accru de compétence pour les gérer. L'utilisation de stratégies de gestion émotionnelle – telles que la méditation, la respiration profonde, l'écriture expressive et la pratique de la pleine conscience – peut aider à cultiver cette conscience et acceptation, et à développer des compétences pour gérer les émotions de manière plus saine.

PRISE DE DÉCISION

Notre existence est forgée par une succession de décisions, variées quant à leur impact et leur pertinence, mais toutes déterminantes pour notre expérience. Ce que nous vivons suite à une décision peut être interprété comme négatif, positif ou neutre, selon les informations disponibles à l'époque. Cette réalité est complexe, et il est indéniable qu'à maintes occasions notre tolérance face à l'incertitude sur les conséquences à moyen et long terme d'une décision influence notre aptitude à assumer des risques plus ou moins marqués.

La prise de décision peut représenter un défi particulièrement complexe pour certaines personnes. Du fait de leur propension à considérer un nombre parfois trop important de possibilités, à être particulièrement sensibles aux aspects négatifs perçus, et à ne pas trier suffisamment les informations, certaines personnes peuvent être plus exposées aux difficultés de prise de décision. L'impact psychologique de cette difficulté peut être profond. De ce fait, la dégradation du bien-être psychique peut s'accompagner d'une tendance à être en proie à des doutes incessants lorsque la personne concernée est confrontée à la prise de décision.

Les mécanismes psychologiques et les biais cognitifs jouent un rôle significatif dans la peur de choisir la mauvaise option et la surcharge émotionnelle observées. Ces éléments comprennent la tendance à la suranalyse et au perfectionnisme, où les détails et les implications des options sont examinés en profondeur, engendrant une surestimation des conséquences potentielles de chaque choix et une crainte de l'erreur. L'anticipation des conséquences négatives découle de la réactivité accrue aux aspects négatifs perçus, tandis que le biais de confirmation entraîne la recherche d'informations qui renforcent les inquiétudes préexistantes. L'hypervigilance émotionnelle pousse à analyser intensément les sentiments et pensées qui émergent, contribuant à une surcharge émotionnelle. De plus, le biais d'ancrage conduit à fixer un point de référence initial sur une option, limitant l'exploration d'alternatives et renforçant les préoccupations quant à choisir la mauvaise voie. En outre, la difficulté à réguler les émotions accentue la probabilité de ressentir une surcharge émotionnelle lorsque les émotions associées à la prise de décision deviennent intenses. Bien que ces mécanismes varient d'un individu à l'autre, leur compréhension est essentielle pour pouvoir élaborer des stratégies permettant d'aborder plus efficacement ces défis dans le processus de prise de décision.

Outre les implications émotionnelles, la difficulté à prendre des décisions peut engendrer une réelle paralysie dans la vie quotidienne. Des décisions même mineures – comme choisir le restaurant dans lequel aller dîner ou décider quoi porter – peuvent devenir épuisantes et émotionnellement coûteuses. Cette incapacité à se décider rapidement peut aussi impacter la productivité et entraîner une perte d'opportunités.

Cultiver la conscience de ses propres schémas de pensée et émotionnels liés à la prise de décision est essentiel pour pouvoir dépasser ce type de difficulté. La méditation de pleine conscience et les exercices d'auto-observation permettent d'identifier les tendances à la rumination excessive. Les stratégies de prise de décision structurées peuvent également être bénéfiques. Cela peut inclure la création de listes de pour et de contre, l'établissement de délais raisonnables pour la prise de décision et la définition de critères clairs pour évaluer les options. Cette approche méthodique peut aider à réduire le sentiment d'être submergé.

Le développement d'une tolérance à l'incertitude est également essentiel. Apprendre à accepter qu'il n'y a pas de décision parfaite et que l'erreur fait partie du processus peut alléger le poids émotionnel. Les techniques de gestion du stress, telles que la respiration profonde, la relaxation et la pleine conscience, peuvent également aider à réduire l'anxiété liée à la prise de décision.

PERFECTIONNISME, PEUR DE L'ÉCHEC

Nous sommes perfectibles dans beaucoup de domaines. Cependant, il existe une différence entre « être perfectible » et « poursuivre la perfection ». Être perfectible signifie que nous avons la capacité d'apprendre, de grandir et de nous améliorer continuellement. C'est un aspect naturel de notre développement humain. En revanche, poursuivre la perfection implique une quête incessante de l'excellence absolue, souvent alimentée par des normes irréalistes et un désir constant de ne montrer aucune faille. Il est important de reconnaître que la perfection n'est pas réaliste, ni nécessaire pour réussir ou pour être valorisé.

Bien que nous soyons souvent conscients du fait que la quête de la perfection a ses limites, l'expérience du perfectionnisme et la peur de l'échec ne sont pas exclues. Le perfectionnisme naît du désir d'accomplir chaque tâche de manière parfaite. Cette quête est alimentée par une tendance à vivre des réactions émotionnelles intenses face aux erreurs et aux critiques. Elle peut être paralysante, car les déceptions résultant d'objectifs non atteints sont difficilement gérables dans ce contexte d'exigence. Les effets courants incluent l'anxiété, une faible estime de soi et une sensation persistante de mécontentement.

Des distorsions cognitives et des processus mentaux spécifiques entretiennent ce perfectionnisme. Par exemple, le biais de confirmation nous incite à chercher des preuves qui confortent les normes élevées et qui renforcent les croyances perfectionnistes. Chacun de nous est sujet aux effets des biais cognitifs, mais des particularités de fonctionnement incluant par exemple une propension à l'hypervigilance cognitive peuvent renforcer leurs effets. De plus, les attentes excessives des conséquences négatives alimentent ce perfectionnisme, en raison d'une sensibilité accrue aux aspects négatifs, amplifiant ainsi la perception des erreurs.

Si vous avez tendance à suranalyser les choses du fait des particularités de votre fonctionnement, il est possible que cela vous pousse à rechercher la perfection dans chaque détail. Bientôt, tout cela s'alimentera de catastrophisme, nourrissant l'imagination de scénarios catastrophes liés à l'échec. La comparaison fréquente renforce le besoin de réussite pour obtenir la reconnaissance des autres. Par ailleurs, l'intolérance à l'incertitude renforce la recherche de la perfection comme moyen de réduire l'ambiguïté et d'atténuer l'anxiété.

La sensibilité aux critiques pousse à une auto-évaluation extrêmement rigoureuse, afin de les éviter coûte que coûte. Tous ces processus psychologiques et biais cognitifs contribuent à créer et entretenir le perfectionnisme, formant ainsi un cycle exigeant de recherche constante de l'excellence.

La peur de l'échec est étroitement liée au perfectionnisme. Les retombées émotionnelles de l'échec sont tellement redoutées par la personne souffrant de perfectionnisme qu'elle peut avoir tendance à éviter toute situation dans laquelle une parfaite réussite selon ses standards n'est pas possible. Ce type de comportement conduit à une stagnation dans la vie personnelle et professionnelle, limitant les opportunités d'évolution et d'apprentissage.

Pour surmonter ces défis, il est crucial d'adopter des stratégies spécifiques. La première étape consiste à reconnaître vos tendances perfectionnistes et votre peur de l'échec. Il est essentiel d'adopter une perspective réaliste sur le perfectionnisme et l'échec. Apprenez à accepter les imperfections et à considérer l'échec comme une opportunité d'apprentissage qui favorise votre croissance personnelle. La pratique de l'autocompassion joue également un rôle crucial pour réduire votre autocritique excessive.

RUMINATIONS, PENSÉES NÉGATIVES ET REGRETS

Le passé appartient au passé, cela, tout le monde le sait. Toutefois, il existe une différence entre le fait de savoir quelque chose et le fait de se le rappeler pour en faire usage quand il le faut. Ainsi, même si l'on sait que le passé appartient au passé, il est parfois difficile de ne pas se laisser emporter dans un tourbillon de pensées qui feront fleurir inévitablement des sentiments de regret et de culpabilité. Cette tendance semble davantage amplifiée et renforcée dans les moments de fragilité.

Il est fondamental d'apprendre à son cerveau à s'engager dans des processus de raisonnement visant à la résolution de problèmes plutôt qu'à la rumination mentale. Il s'agit donc d'appliquer de manière répétée des exercices ayant pour objectif ce que nous appelons une « restructuration cognitive ». Cela vous demandera une volonté et un effort conscients, un vrai engagement envers vous-même. Ceci va de soi mais mérite d'être dit : ce ne sera pas à vos proches, ni à votre partenaire, ni à vos enfants, ni à vos collègues, amis ou thérapeutes de le faire ; ce sera à vous. Ne mettez jamais la responsabilité de votre bonheur entre les mains de qui que ce soit. Prendre conseil, se faire aider dans une thérapie, pourquoi pas ? Mais vous devez savoir ce que vous souhaitez pour vous émotionnellement, humainement. Ne comptez pas sur l'organe qu'est votre cerveau non plus, car votre bien-être doit découler de choix conscients, et votre cerveau fonctionne par automatismes.

Il est vrai que chacun de nous peut avoir des regrets dans la vie. C'est humain de faire des erreurs, d'essuyer des échecs parfois, et la tendance à penser qu'on aurait toujours pu mieux faire est une plaie universellement partagée. Toutefois, cette tendance correspond à un biais cognitif : le « biais d'optimisation de la rétrospective », ou plus simplement « biais rétrospectif ». Ce biais se manifeste lorsque nous estimons, après coup, que nous aurions pu prévoir ou anticiper un événement particulier, même s'il n'y avait aucun moyen de le savoir à l'époque où cela s'est produit. En d'autres termes, ce biais correspond à la tendance à surestimer nos capacités à prédire ou à comprendre rétrospectivement les résultats d'une situation donnée. C'est ce biais qui alimente la croyance erronée que les événements passés étaient prévisibles ou évitables, même s'il n'y avait aucune preuve ou indice solide pour le soutenir à l'époque. Une des conséquences les plus dramatiques de ce biais – qui vient souvent huiler la roue libre de la rumination mentale – est qu'en pensant que l'on aurait pu prédire un résultat on est moins enclin à tirer des leçons des échecs ou même des succès passés.

Pour gérer la rumination mentale, il faut procéder par étapes ; et les exercices proposés ici font appel à des processus attentionnels et exécutifs : des processus dits « de haut niveau », en lien avec la planification, le monitorage cognitif, l'exécution..., avec votre esprit conscient. Peu importe que vous soyez sceptique lorsque vous les réaliserez, car ce que je partage avec vous n'est pas une prière, donc nul besoin d'y croire. Pour peu que vous fassiez exactement ce qui est décrit, et que vous percevrez un minimum, vous en tirerez des bénéfices. Vous musclerez votre cerveau, améliorerez vos capacités attentionnelles, développerez votre flexibilité mentale et votre ancrage. Vous avez tout à y gagner. Vous serez plus efficace si vous adoptez, dès le départ une attitude encourageante plutôt que critique et négative vis-à-vis de vous et de votre manière de vous engager dans la réalisation de ces exercices ou l'application de ces conseils. Ne vous arrêtez pas à la première difficulté et plutôt que de tenter de faire les choses parfaitement, contentez-vous déjà de les faire, tout simplement. Il ne s'agit pas d'être condescendant, vous pouvez être bienveillant et ferme en même temps. La discipline, la résilience, la fermeté et la bienveillance soutiennent la persévérance.

DOUTE DE SOI, CONFIANCE EN SOI

La confiance que nous avons en nous-mêmes et en nos capacités peut subir des fluctuations et être variable selon les domaines. Cela est tout à fait normal. Cependant, lorsque ce manque de confiance devient envahissant et qu'il provoque un impact fonctionnel et une souffrance, il est généralement fondé sur des croyances dysfonctionnelles. Personne n'est dépourvu de valeur. Chaque être humain, avec tous ses défauts, détient en lui un certain nombre de qualités, qu'il se doit d'apprendre à reconnaître et à apprécier.

Ces croyances dysfonctionnelles qui alimentent le manque de confiance résultent souvent de distorsions cognitives, telles que la généralisation excessive et la pensée « tout ou rien ». Les personnes dont le bien-être psychique est fragilisé sont susceptibles de s'engager dans ces distorsions, amplifiant ainsi leurs doutes et renforçant leur manque de confiance en leurs capacités. Par exemple, le phénomène d'amplification des erreurs peut conduire à une focalisation excessive sur les échecs passés ; ce qui sape la confiance en soi. L'impact psychologique de ces enjeux peut être profond : anxiété généralisée, pensées autodépréciatives et estime de soi diminuée.

Sur le plan neuropsychologique, des études en imagerie cérébrale ont mis en évidence l'activation de certaines régions du cerveau lors de l'évaluation de soi-même et de ses compétences.

Les personnes ayant un faible niveau de confiance en elles montrent souvent une activation accrue de l'amygdale, associée à la régulation des émotions et à la perception des menaces. Cette hypersensibilité aux signaux négatifs peut conduire à une interprétation erronée des situations, renforçant ainsi le manque de confiance en soi.

Les modèles sociaux et les expériences précoces jouent également un rôle dans la construction de la confiance en soi. Les personnes ayant vécu dans des environnements où les critiques étaient fréquentes ou dévalorisantes peuvent développer des schémas cognitifs négatifs susceptibles de miner leur confiance. Les travaux de la neuropsychologie montrent que ces expériences peuvent laisser des traces dans les circuits neuronaux associés à l'estime de soi et à la perception de la valeur personnelle.

Pour surmonter ces difficultés, l'adoption de stratégies est essentielle. Il s'agit de cultiver la conscience de ses propres schémas de pensée négatifs, de pratiquer l'auto-observation, mais aussi de développer l'autocompassion. Apprendre à se traiter avec la même gentillesse et la même bienveillance que l'on réserverait à un ami peut aider à contrer les pensées autodépréciatives.

ANTICIPATIONS ANXIEUSES

Les anticipations anxieuses – ces projections mentales vers des scénarios négatifs à venir – sont une réaction humaine commune. Cependant, cette tendance peut être exacerbée lorsque nous traversons une période de vulnérabilité, en raison de divers facteurs psychologiques et neurologiques. L'expérience intense des émotions – trait souvent prévalent chez les personnes en souffrance émotionnelle – peut amplifier la portée des anticipations anxieuses. De plus, l'hypervigilance cognitive – propension à surveiller excessivement les indices environnementaux – peut diriger l'attention vers les aspects potentiellement menaçants, nourrissant ainsi ces anticipations. La rumination, caractérisée par une réflexion excessive de pensées négatives, peut également jouer un rôle en maintenant ces projections anxieuses dans l'esprit.

L'amplification des anticipations anxieuses peut découler de la manière dont le cerveau traite l'information lorsque les ressources de régulation et de maintien du bien-être psychologique sont raréfiées. Les réseaux neuronaux liés à l'émotion et à la cognition sont interconnectés de manière plus intense dans certains contextes, notamment ceux où la sensibilité est exacerbée. Cela signifie que nos émotions peuvent influencer nos pensées, et vice versa de manière plus prononcée en cas d'épuisement des ressources ; ce qui peut faciliter la création de scénarios anxieux et la réaction émotionnelle correspondante.

Ces anticipations anxieuses déclenchent une réaction en chaîne de stress et d'anxiété, avec des répercussions sur la santé mentale et physique. Les soucis incessants concernant l'avenir peuvent envahir l'esprit et perturber la capacité à vivre pleinement le moment présent. Pour faire face à cela, il est essentiel de développer une prise de conscience de ses schémas de pensée anxieux, et d'identifier les situations où les anticipations négatives prennent le dessus.

La régulation émotionnelle et la gestion du stress jouent un rôle crucial pour briser ce cycle. Les approches de la psychologie cognitive comportementale offrent des stratégies puissantes pour contrer les anticipations anxieuses. La restructuration cognitive, en particulier, propose de défier et de reformuler les pensées négatives, en identifiant des preuves contraires et en adoptant une perspective plus réaliste. Cette technique s'appuie sur la plasticité cérébrale, montrant comment notre cerveau peut être remodelé en modifiant nos schémas de pensée.

En développant une compréhension approfondie des mécanismes psychologiques et neurologiques qui sous-tendent les anticipations anxieuses, et en utilisant des stratégies issues des approches cognitivo-comportementales et neuropsychologiques, il est possible de mieux gérer cette tendance, de réduire le stress et de cultiver une perspective plus équilibrée et sereine face à l'avenir.

PRÉVENIR LA SURCHARGE SENSORIELLE ET LA GÉRER

La sensibilité sensorielle et émotionnelle accrue des personnes se sentant plus vulnérables psychiquement les rend plus sensibles aux stimulations, et peut générer une série d'effets négatifs sur les plans physique et mental. L'enjeu majeur de la surcharge sensorielle réside dans la propension à être rapidement submergé par les stimuli sensoriels ordinaires et tolérables pour d'autres. Les bruits forts, les lumières vives, les odeurs intenses et d'autres impressions sensorielles comme celles en lien avec le toucher (textures) ou la vision (rugosités) peuvent provoquer des réactions émotionnelles intenses et parfois accablantes. L'épuisement physique et mental qui accompagne ces réactions est considérable et nuit fortement à la qualité de vie. Cette surcharge sensorielle tient un rôle central dans la dégradation du bien-être psychique, et peut exacerber la dimension hyperémotive en déclenchant des émotions telles que l'irritabilité, l'anxiété et la frustration. Elle peut également perturber la concentration, affecter le sommeil et entraîner une fatigue mentale.

Pour limiter les effets physiques et psychologiques de la surcharge sensorielle, il est crucial d'adopter des comportements de santé et d'hygiène de vie spécifiques, en plus des exercices proposés dans ce livre.

COMMENT UTILISER LES EXERCICES ?

C'est très simple. Les applications de ces exercices peuvent être multiples. Je vous encourage à les explorer sans hésiter et à les utiliser face à des difficultés qui n'ont peut-être pas été directement abordées ici, mais pour lesquelles l'exercice vous semble pertinent. Faites-vous confiance !

Je vous recommande de privilégier l'utilisation de papier et de stylo pour les exercices écrits. Pourquoi ? Parce que notre cerveau n'a pas accompagné les progrès technologiques et apprend mieux par l'écriture et par la verbalisation. Le but de ces exercices est de mobiliser des réseaux neuronaux nouveaux, pour apprendre à votre cerveau à emprunter un chemin qu'il n'a pas l'habitude d'utiliser de manière automatique. L'apprentissage est un processus actif ; et plus les modalités utilisées pour enregistrer une nouvelle information sont nombreuses et complexes, plus vous avez de chances de les stocker à long terme.

Ces exercices font appel aux mécanismes d'apprentissage du cerveau. Pour apprendre quelque chose de nouveau, il faut plusieurs conditions. Avoir une attitude active et participative (et non passive) face à ce que l'on doit apprendre est fondamental. D'autre part, la répétition est ce qui va permettre au cerveau d'intégrer et de stocker de manière profonde les nouveaux gestes mentaux en lien avec ce nouvel apprentissage. Enfin, la combinaison de plusieurs modalités sensorielles dans l'apprentissage (voir, entendre, lire à haute voix, bouger) potentialise ses effets. Ainsi, pour la réalisation des exercices cognitifs, je vous invite à privilégier l'écriture manuelle. Pour apprendre, pour réaliser quoi que ce soit, le cerveau doit « voir » le chemin à entreprendre. Écrire un « a » ou un « b » manuellement se traduit bien distinctement dans le cerveau, tandis que taper un « a » ou un « b » sur un clavier n'a que peu de différence.

Enfin, soyez persévérant, n'abandonnez pas à la moindre difficulté. Durant le processus d'apprentissage, quel qu'il soit, faire des erreurs, répéter, rectifier et recommencer sont des étapes nécessaires, et je dirais même essentielles. Si vous avez du mal à vous faire confiance, rappelez-vous que votre cerveau n'a pas besoin de cela pour faire ce qu'il sait faire le mieux, qui est de s'ajuster pour garder l'homéostasie. Tous les exercices de ce guide reposent sur cette capacité propre au cerveau, qui consiste à se remodeler, à se réajuster pour que tout reste cohérent. Est-ce que c'est rapide ? Cela dépend. Si vous allez à la salle de sport six fois par semaine plutôt que deux, vous aurez plus de probabilités d'obtenir des résultats rapidement. Mais vous pourrez aussi être plus fatigué, et donc moins performant. Par conséquent, tout est question d'ajustement de votre pratique à vos besoins et ressources. Respectez vos limites. Mieux vaut faire quelque chose bien une fois que mal dix fois.

Enfin, vous pourrez choisir de pratiquer les exercices proposés selon vos besoins, en suivant les indications et les instructions. Concentrez-vous sur leur réalisation plutôt que sur le résultat attendu. Pour aller quelque part, il faut d'abord regarder où vous êtes.

La durée de réalisation des exercices papier-crayon est variable, mais il ne faut pas que cela devienne trop long. Soyez succinct et objectif, lorsque vous les réalisez. Le but est que vous puissiez le faire de manière automatique ; donc, entraînez-vous pour avoir les étapes en tête par cœur, en les pratiquant toujours de la même manière. Avec le temps, leur réalisation deviendra plus naturelle. Plus vous pratiquerez, plus vous allez entraîner votre cerveau à adopter ce type de stratégie. La répétition, c'est ce qui permettra d'automatiser ces nouveaux scripts mentaux et de potentialiser leur bénéfice. Pour les exercices de méditation de pleine conscience, la durée dépendra de votre disponibilité ; mais plus votre pratique sera longue, plus vous entraînerez votre capacité à tolérer les pensées et à maintenir le focus de votre attention dans des sensations qui vous permettent de rester ancré dans le corps et le présent ici et maintenant. Ces sensations vous permettant cet ancrage sont celles en lien avec la stabilité de votre posture, de votre position assise par exemple, ou bien celles en lien avec la respiration. De manière générale, les exercices proposés durent au minimum 20 minutes.

Si parfois, en réalisant certains exercices, vous vous sentez un peu frustré, c'est normal (surtout si vous avez des tendances perfectionnistes). Vous est-il possible, maintenant que vous en savez un peu plus sur votre manière de fonctionner, de vous amuser de vos difficultés au cours de l'exercice plutôt que de vous juger ? Après tout, vous avez maintenant des outils, et tout est nouveau. Il est tout à fait normal de patauger un peu au début. Rappelez-vous : c'est le fait d'être perfectible qui entretient la motivation, pas l'injonction à devenir parfait. Cela étant dit, accrochez-vous, et restez persévérant !

LES EXERCICES

EXERCICE 1 : RECONNAÎTRE ET ANALYSER SES ÉMOTIONS

INDICATIONS : s'entraîner à entrer en relation avec ses émotions de manière moins fusionnelle et plus analytique. Développer une meilleure capacité de régulation émotionnelle consciente. Identifier des besoins en lien avec des émotions.

MATÉRIEL : papier et stylo.

RÉALISATION : 20 minutes (à pratiquer chaque jour, pendant 5 à 7 jours consécutifs, puis une fois par semaine pendant 5 semaines, puis tous les 15 jours, répéter si besoin).

Prenez une feuille de papier et divisez-la en trois colonnes. Dans la première colonne, notez les situations ou les événements qui ont déclenché des émotions en vous. Soyez aussi précis que possible. Dans la deuxième colonne, écrivez quelles émotions vous avez ressenties dans chaque situation. Essayez de nommer précisément les émotions, comme la colère, la joie, la tristesse, etc. Dans la troisième colonne, prenez un moment pour analyser et réfléchir à vos réactions émotionnelles. Demandez-vous pourquoi vous avez ressenti ces émotions dans ces situations particulières. Était-ce à cause de certaines pensées, de croyances, ou de souvenirs associés à ces situations ? Ces émotions étaient-elles fondées sur des faits objectifs ? Est-ce que ces émotions méritent d'être prises en compte pour mieux respecter vos limites et vos besoins ?

EXERCICE 2 :
PROTOCOLE DES LETTRES À SOI

INDICATIONS : accueillir sa partie vulnérable, celle qui se sent faible, seule, épuisée... Développer l'autocompassion et l'amour de soi, soigner son dialogue intérieur.

MATÉRIEL : papier et crayon, endroit calme.

RÉALISATION : réservez 1 heure ou plus, chaque semaine pendant 1 mois minimum, puis une fois tous les 15 jours, puis tous les mois, et régulièrement le reste de votre vie. Commencez par vous installer, dans un endroit calme, devant le support sur lequel vous allez écrire, et fermez les yeux en vous concentrant pendant quelques instants sur les sensations de votre respiration.

LA PREMIÈRE LETTRE sera écrite par la partie de vous qui est critique, vulnérable..., celle qui souffre. Écrivez, dans cette lettre, tout ce qui vous vient à la première personne et qui est en lien avec les difficultés de cette partie de vous : votre tendance à ruminer, à douter de vous, à vous critiquer... Par exemple, vous pouvez commencer par : « Quelquefois, je ne me sens pas bien ; quelquefois, je ne me trouve pas assez bien... » Ne vous souciez pas de l'orthographe ni de la syntaxe, écrivez comme ça vous vient.

LA DEUXIÈME LETTRE est une réponse à la première. Vous allez écrire une lettre dans laquelle vous vous adresserez à la partie de vous qui a écrit la première. Vous allez donc écrire à la deuxième personne et vous efforcer d'être aidant, sincère, soutenant, encourageant et bienveillant dans tout ce que vous allez écrire.

Le but, c'est d'écrire tout ce que vous diriez à quelqu'un que vous aimez profondément. Rappelez à cette partie de vous ses réussites, ses qualités, ses compétences. Faites-la rire, encouragez-la par tous les moyens possibles, tout en restant réaliste et honnête.

RELISEZ LA DEUXIÈME LETTRE, elle vous a été adressée. Ressentez ce que cela vous fait d'accueillir ces mots bienveillants. Fermez les yeux et respirez quelques instants, avec cette bienveillance que vous vous offrez à vous-même.

EXERCICE 3 : COMPRENDRE, ACCEPTER, PARDONNER, REMERCIER, LIBÉRER : UNE LETTRE POUR VOS ANCÊTRES

INDICATIONS : accéder aux sentiments de compassion, d'acceptation et de gratitude. Se libérer des lourdeurs transgénérationnelles.

MATÉRIEL : papier et crayon, endroit calme.

RÉALISATION : Réservez 1 heure ou plus, chaque semaine pendant 3 semaines minimum, puis une fois tous les 15 jours, puis tous les mois, et régulièrement le reste de votre vie. Trouvez un endroit calme. Commencez par vous installer devant le support sur lequel vous allez écrire, et fermez les yeux en vous concentrant pendant quelques instants sur les sensations en lien avec votre respiration. Cette lettre est à recopier et à compléter selon vos besoins. Le but de cet exercice est de vous permettre, peu à peu, d'accéder à la compréhension profonde de la place de chacun de vos ancêtres dans votre vie actuelle, et en quoi – en bien ou en mal – chacun a participé à faire de vous qui vous êtes aujourd'hui : un être humain qui mérite d'être aimé et respecté pour qui il est, indépendamment de votre histoire. Respectez les pauses et utilisez-les pour prendre conscience de vos émotions, pensées, résistances… N'hésitez pas à solliciter un accompagnement pour ce genre d'exercice qui peut être très mobilisateur émotionnellement.

LA LETTRE

« Merci.

Aujourd'hui, je prends conscience de tout mon parcours de vie, de toutes mes expériences. Je comprends que je n'aurais pas eu ce même parcours sans chacun de vous. [Pause.]

Je me libère de mes attentes vis-à-vis de vous. Bien qu'ayant longtemps souhaité des explications, des excuses, etc., je comprends maintenant que ce n'était ni juste ni utile. Je n'ai plus besoin de votre pardon ni de votre compréhension pour m'aimer et me pardonner moi-même. [Pause.]

Le ressentiment que j'ai pu loger en moi peut partir maintenant. J'ai compris que chacun a fait du mieux qu'il pouvait, même lorsque cela m'a paru injuste et insuffisant. [Pause.]

Je sais que chacun mérite de retrouver la paix, sans que pour autant je doive accepter vos comportements injustes envers moi ; il ne m'est plus utile de vous en vouloir ni d'espérer réparation. Je vous libère ainsi de cette attente, et je prends en main la construction de ma propre paix. [Pause.]

Je voudrais exprimer ma gratitude envers chacun de vous : ceux qui sont ici, ceux qui ne le sont plus. Merci pour tout ce que votre présence – ou absence – m'a fait vivre de bon, de triste, de rude, de violent, mais aussi de joyeux, de soutenant, de paisible... [Pause.]

Chacun de vous, du plus ancien au plus nouveau, me permet aujourd'hui de comprendre que je détiens en moi, et en moi seul, les clés qui ouvrent les portes et les fenêtres de ma demeure vers la paix, le pardon et la compassion. [Pause.]

Sans chacun de vous, sans tout ce que la relation avec chacun de vous m'a fait vivre et ressentir (d'agréable ou de désagréable), je ne serais jamais parvenu là où j'en suis : si proche de pouvoir renvoyer à chacun de vous toute la paix et la gratitude que je développe progressivement en moi. [Pause.]

Merci à tous ceux que je peux voir et toucher, de toutes générations et âges ; et aussi à ceux que je ne verrai plus, ou que je n'ai jamais pu voir mais qui font partie de mon histoire. [Pause.]

Merci. »

EXERCICE 4 : L'AUTODIALOGUE BIENVEILLANT

INDICATIONS : développer un dialogue bienveillant, rechercher le réconfort ; gérer la tendance à la critique excessive de soi.

MATÉRIEL : aucun.

RÉALISATION : fermez les yeux et concentrez-vous quelques instants sur les sensations de votre respiration. Prenez conscience de votre dialogue interne ; imaginez-vous en train de parler à une personne très chère et qui se sentirait comme vous vous sentez. Parlez-vous de la même manière que vous le feriez à cette personne très aimée, si vous aviez l'intention de l'aider à dépasser cet instant difficile. Quels mots pourriez-vous dire, quels conseils, quels encouragements ?...

EXERCICE 5 : ENTRAÎNEZ VOTRE ATTENTION CONSCIENTE

INDICATIONS : améliorer sa capacité attentionnelle, et favoriser l'ancrage dans l'expérience actuelle.

MATÉRIEL : aucun.

RÉALISATION : durant 1 semaine, choisissez de pratiquer une activité simple durant laquelle vous serez attentif de manière consciente à chaque sensation éprouvée. Par exemple, si votre activité est de prendre une tasse de thé : soyez attentif aux sensations de contact de vos mains avec la tasse, de l'odeur qui se dégage, de la vapeur qui se dessine au-dessus du liquide chaud..., le goût du liquide que vous aspirez, sa température... Le but est d'avoir une attitude curieuse de tout ce qui peut être noté à travers l'expérience, comme si c'était la toute première fois que vous la faisiez. Sortir de l'automatisme face à ce qui est connu est un exercice difficile, mais votre volonté consciente de voir au-delà de ce qui vous semble si banal vous permettra de modifier sensiblement votre expérience du présent.

EXERCICE 6 : MÉDITATION D'ANCRAGE

INDICATIONS : entraînez votre capacité à trouver, dans vos sensations corporelles, le calme et un refuge qui vous permet de vous décentrer de vos pensées.

MATÉRIEL : coussin, chaise ou tapis pour méditer.

RÉALISATION : vous aurez besoin de vous poser dans un endroit calme et d'être installé dans une position assise mais confortable pour vous. Évitez la posture avachie. Maintenez votre posture droite mais sans tension. Prévoyez 10 à 30 minutes selon votre disponibilité. Suivez les étapes ci-dessous.

ÉTAPE 1 : pendant 2 à 3 minutes, concentrez-vous sur les sensations en lien avec votre respiration.

ÉTAPE 2 : dirigez intentionnellement votre attention sur l'observation des sensations en lien avec les points de contact de votre corps sur le support. Ressentez les sensations au niveau de vos pieds, de vos jambes, de vos cuisses, de vos hanches, en étant curieux de ce que vous remarquez. Soyez présent aux sensations que vous notez, et gardez votre focus attentionnel dans cette exploration. Écrivez ces sensations qui vous permettent de ressentir la stabilité de votre position assise… Amusez-vous à explorer avec curiosité ces sensations pendant quelques instants. Faites l'expérience de la stabilité à travers ces sensations de votre corps et votre assise.

ÉTAPE 3 : dirigez, avec bienveillance et fermeté, votre attention sur l'exploration de la verticalité de votre posture. Ressentez la sensation d'élévation de votre posture, en parcourant avec votre attention les sensations d'élévation qui partent du bas de votre dos et qui se prolongent au-delà du sommet de votre tête. Soyez attentif et curieux pour faire l'expérience de cette sensation de verticalité et d'élévation. Vous pouvez imaginer un fil d'or qui se déroule depuis le bas de votre dos, qui parcourt toute votre colonne vertébrale, et qui vous élève en se prolongeant par-delà le sommet de votre tête. Faites l'expérience de cette élévation qui participe à votre sentiment de stabilité de l'instant présent.

ÉTAPE 4 : tout en restant présent à cette sensation de stabilité, soyez attentif à la sensation de l'air qui rentre et qui sort par vos narines et votre bouche, ainsi qu'aux mouvements au niveau du thorax et du ventre et qui accompagnent votre respiration. Dirigez votre attention au niveau du ventre, et observez de manière curieuse la façon dont cette partie de votre corps accompagne vos inspirations et inspirations. Sans rien modifier dans l'expression naturelle de votre respiration, tout en laissant celle-ci être ce qu'elle est, ressentez ce qui vous permet de savoir que vous inspirez et que vous expirez. De la même manière, continuez à explorer de manière curieuse votre respiration au niveau du thorax, au niveau du nez, de la bouche, de la trachée... Sentez comment votre corps s'ajuste au doux va-et-vient de vos inspirations et expirations... Faites l'expérience du calme de cet instant avec les sensations de votre corps, qui respire ici et maintenant.

ÉTAPE 5 : durant les étapes précédentes, il y a peut-être un endroit en vous, une sensation que vous avez observée, où il était plus facile, plus agréable de poser votre attention. Cela peut être en lien avec une sensation de contact d'une partie de votre corps avec le support sur lequel vous êtes, de vos mains entre elles ou au contact d'une partie de votre corps et la stabilité de votre assise, de votre posture, la respiration… Quoi qu'il en soit, faites-vous confiance, et amenez avec douceur et fermeté toute votre attention dans l'observation des sensations de cet endroit en vous. Ancrez votre attention dans cet endroit, et faites l'expérience du calme de cet instant. Restez ainsi le temps souhaité, ancré, posé.

EXERCICE 7 :
STIMULER LE NERF VAGUE

INDICATIONS : dès que vous notez que vous êtes en proie à une réaction de stress ou d'émotion intense.

MATÉRIEL : aucun.

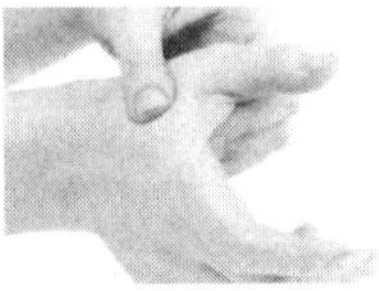

RÉALISATION : tout en appuyant sur l'endroit de votre main situé entre le pouce et l'index, respirez profondément, en vous concentrant sur la sensation de pression exercée.

EXERCICE 8 :
PRATIQUER LA RESPIRATION UJJAYI, OU OCÉANIQUE

INDICATIONS : la respiration Ujjayi, ou « respiration océanique », est une technique de respiration utilisée dans le yoga. Elle implique une respiration douce et régulière par le nez, tout en créant un son apaisant similaire au bruit de l'océan. Ce type de respiration est très apaisant, mais sa pratique peut être un peu difficile à maîtriser au début, et il est normal d'avoir quelques difficultés au départ. Plus vous pratiquerez, plus il sera facile de la réaliser. Soyez patient avec vous, et pratiquez régulièrement. Il est possible de trouver des vidéos sur le Net qui montrent comment la pratiquer. Si vous avez des problèmes respiratoires, ou que vous ne vous sentez pas à l'aise pour la pratiquer, il est préférable de privilégier des respirations profondes simples.

MATÉRIEL : aucun.

RÉALISATION : suivez les étapes ci-dessous.

ÉTAPE 1 : tenez-vous assis ou dans une position confortable et droite. Assurez-vous que votre corps est détendu – en particulier les épaules, le visage et la mâchoire.

ÉTAPE 2 : faites quelques respirations profondes et lentes, pour vous détendre et vous centrer. Inspirez et expirez par le nez uniquement.

ÉTAPE 3 : pour pratiquer la respiration Ujjayi, contractez légèrement la gorge, en inspirant et en expirant par le nez. Imaginez que vous essayez de créer une légère résistance au passage de l'air dans la gorge. Vous sentirez l'air racler doucement votre gorge. Cela va créer un son doux et apaisant, semblable au bruit de l'océan, ou à celui du vent dans les arbres.

ÉTAPE 4 : adoptez un rythme régulier de respiration, en faisant en sorte que l'inspiration et l'expiration aient la même durée. Le son créé par la constriction de la gorge devrait être constant tout au long de la respiration. Comme les vagues sur la plage… À l'inspiration, laissez l'air remplir votre abdomen, puis monter dans la poitrine. Lorsque vous expirez, relâchez l'air de la poitrine, puis de l'abdomen.

EXERCICE 9 : PROCÈS DES PENSÉES

INDICATIONS : apprendre à gérer ses pensées négatives en les confrontant.

MATÉRIEL : papier et crayon (et, cette fois, clavier non admis).

RÉALISATION : vous allez pratiquer cet exercice durant 5 à 10 jours consécutifs. Une fois dans la journée. La durée de réalisation est variable, mais il ne faut pas que ce soit trop long : au maximum 10 minutes. Cela vous obligera à être succinct et objectif. Au cours des jours précédents, vous avez identifié une ou plusieurs pensées négatives ou ruminations qui sont peut-être récurrentes. Vous pouvez choisir de faire cet exercice sur l'une de ces pensées ou ruminations que vous aurez notée précédemment, ou bien en choisir une nouvelle (plus fraîche) qui vous taraude maintenant. L'important est d'en choisir une seule à la fois.

ÉTAPE 1 : sur votre feuille de papier, écrivez en haut la pensée négative ou la rumination. Notez sur une échelle de 1 à 10 à quel point elle vous semble vraie (10 étant « tout à fait vraie »). Écrivez une liste de preuves concrètes qui vous permettent de contredire cette pensée. Attention : des preuves concrètes sont basées sur des faits, et non sur des suppositions. Les faits sont des preuves qui seraient observables pour d'autres personnes, et pas uniquement par vous. Vous devez produire un nombre de preuves qui soit le plus exhaustif possible. Le but, c'est d'entraîner votre flexibilité mentale ; et pour cela il faut vous forcer à produire des arguments objectifs assez nombreux. Pour vous aider, vous pouvez imaginer ce qu'une personne autre que vous pourrait avancer comme preuve : votre ami, votre proche, votre voisin, votre acteur ou personnage public préféré, votre psychologue, votre boulanger…

ÉTAPE 2 : une fois que vous aurez établi une liste assez exhaustive de preuves contre cette pensée, relisez-les et demandez-vous à quel point cette pensée vous paraît crédible maintenant. Notez sur une échelle de 1 à 10 à quel point elle vous semble crédible maintenant.

ÉTAPE 3 : reformulez la pensée. Réécrivez la pensée originale en la modifiant pour qu'elle soit plus réaliste et équilibrée.

EXERCICE 10 :
GÉRER ACTIVEMENT LA RUMINATION

INDICATIONS : lorsque vous remarquez que vous êtes en proie à une rumination, reproduisez le geste moteur que vous avez choisi.

MATÉRIEL : un chronomètre, une feuille de papier et un stylo.

RÉALISATION : décidez, à l'avance, d'un créneau de 20 minutes durant lequel vous allez travailler sur vos ruminations, chaque jour, pendant au moins 5 jours consécutifs. Il est important que ce créneau soit décidé à l'avance, que l'horaire soit plutôt fixe, et de le pratiquer au moins 5 jours de suite pour noter l'effet sur vous. Installez-vous, et lancez votre chronomètre.

ÉTAPE 1 : écrivez sur la feuille, le plus vite possible et sans vous inquiéter de l'orthographe, le top 5 des choses qui ont tourné en boucle dans votre tête durant la journée.

ÉTAPE 2 : concentrez-vous sur les sensations de votre respiration, sans modifier quoi que ce soit dans celle-ci. Soyez simplement attentif et curieux de ces sensations.

ÉTAPE 3 : pendant 5 à 10 minutes, relisez en boucle ce que vous avez écrit. En même temps, réalisez un geste moteur simple et facile qui ait une connotation positive pour vous (par exemple, tapotez discrètement et doucement une partie de votre corps avec votre index de manière détendue, ou gribouillez une forme géométrique en boucle, ou encore claquez des doigts de manière rythmée, jouer avec un stylo…).

ÉTAPE 4 : concentrez-vous sur les sensations de votre respiration, sans modifier quoi que ce soit à celle-ci. Soyez simplement attentif et curieux de ces sensations.

EXERCICE 11 :
MÉDITATION SUR LES PENSÉES

INDICATIONS : améliorer votre capacité à gérer et à ne pas entrer en fusion avec les pensées négatives ou envahissantes.

MATÉRIEL : vous aurez besoin de vous poser dans un endroit calme et d'être installé dans une position assise confortable. Évitez la posture avachie. Maintenez votre posture droite mais sans tension. Au besoin, utilisez des coussins pour vous caler. Si cela vous convient et si cela est possible pour vous, utilisez un coussin ou banc de méditation, chaise ou fauteuil. Il est important que vous soyez bien installé et que vous puissiez rester le plus immobile possible durant l'exercice. Le corps doit être posé pour que l'esprit puisse s'asseoir !

RÉALISATION : la durée de l'exercice dépendra de votre disponibilité. Cette pratique est difficile et demande un peu d'entraînement et de persévérance. Le but est d'améliorer votre capacité à maintenir l'attention focalisée dans la respiration ou la posture tout en observant les pensées qui vont et qui viennent sans vous laisser aller à l'enchaînement de commentaires automatiques qui ont tendance à suivre chaque pensée. Vous allez devoir ramener votre attention dans votre respiration ou posture et vous efforcer plusieurs fois pour maintenir une attitude non réactive face à vos pensées. Plus vos expositions à ce genre d'exercice seront longues, plus votre capacité à rester présent à vos pensées sans vous laisser aller aux commentaires automatiques, juste en les notant de manière factuelle, sera robuste. De manière générale, l'exercice dure au minimum 20 minutes.

ÉTAPE 1 : durant quelques instants, réalisez quelques respirations profondes pour vous détendre. Prenez conscience de votre respiration, sans essayer de la changer, simplement en l'observant.

ÉTAPE 2 (3 à 5 minutes) : portez votre attention sur les sensations provoquées par votre respiration. Observez le flux d'air entrant et sortant de votre corps. Remarquez les sensations dans votre ventre, votre poitrine ou au niveau de vos narines. Soyez présent à chaque inspiration et à chaque expiration.
Lorsque vous vous rendez compte que votre esprit a été distrait par une pensée, étiquetez-la doucement comme « pensée », et ramenez votre attention à votre respiration. Faites cela autant de fois que nécessaire, ce n'est pas un échec. C'est justement cet effort pour ramener votre attention à la respiration qui va développer votre capacité à gérer le flux de vos pensées.

ÉTAPE 3 (3 à 5 minutes) : déplacez votre attention doucement à travers votre corps, en notant toute tension ou sensation. Si vous trouvez des zones tendues ou inconfortables, prenez un moment pour les relâcher mentalement avec votre respiration. N'oubliez pas de ramener votre attention à la respiration, si votre esprit divague.

ÉTAPE 4 (3 à 5 minutes) : prenez conscience de votre esprit, de vos pensées qui surgissent comme des nuages dans le ciel. Laissez les pensées venir et partir, comme si vous les observiez de l'extérieur, sans les juger. Si vous vous retrouvez emporté par une pensée, observez-la, puis doucement ramenez votre attention à votre respiration. Durant cette étape, il est normal d'avoir un flux de pensées très intense. Du mieux que vous pouvez, essayez de rester présent à cela, sans réagir, seulement en l'observant. Si nécessaire, faites une pause en revenant sur l'observation de la respiration, puis recommencez l'observation des pensées.

ÉTAPE 5 (2 à 3 minutes) : dirigez votre attention vers vous-même. Sentez-vous présent ici, dans ce moment. Ressentez de la bienveillance envers vous-même, en reconnaissant comme normal que l'esprit soit parfois agité. Souhaitez-vous à vous-même la paix, la sérénité et la liberté des pensées qui vous emprisonnent.

ÉTAPE 6 (1 à 2 minutes) : revenez lentement à votre respiration, en prenant conscience de l'instant présent. Lorsque vous êtes prêt, ouvrez doucement les yeux.

EXERCICE 12 : PROTOCOLE DE PRISE DE DÉCISIONS ÉCLAIRÉES

INDICATIONS : entraîner les processus de prise de décision et d'analyse objective et éclairée des situations pour mieux prendre des décisions.

MATÉRIEL : papier et crayon.

RÉALISATION : suivez les étapes ci-dessous.

ÉTAPE 1 : sur votre papier, notez clairement la décision que vous devez prendre. Écrivez-la de manière concise et précise.

ÉTAPE 2 : énumérez toutes les options possibles disponibles pour cette décision. Par exemple, si la décision à prendre est en lien avec une interrogation du type « quitter mon travail actuel ou pas », les options alternatives peuvent être : ne pas partir, demander un changement de poste, passer à 80 %, faire une formation, demander une année sabbatique, se mettre à son compte, démissionner, négocier son départ, abandonner le poste…). Ne vous limitez pas à quelques-unes, explorez toutes les alternatives.

ÉTAPE 3 : pour chaque option, listez les avantages et les inconvénients potentiels. Soyez objectif et réaliste dans votre évaluation.

ÉTAPE 4 : pour chaque avantage et inconvénient, notez de 0 à 100 % à quel point cela est important pour vous (le « poids »). Ensuite, notez de 1 à 10 à quel point cela risque d'être vrai (la « valeur »). Cela pourra vous aider à hiérarchiser les facteurs.

ÉTAPE 5 : prenez un moment pour vous connecter à vos émotions. Comment vous sentez-vous face à chaque option ? Comment votre corps réagit-il face à chaque option ? Vous indique-t-il que c'est OK, ou bien vous envoie-t-il un signe de malaise, de danger ? Soyez à l'écoute de ces informations, mais rappelez-vous que cela ne doit pas être la seule base de votre décision. Encore faut-il que les conséquences sur vous soient objectivement positives.

ÉTAPE 6 : appliquez la formule suivante à chaque avantage et inconvénient : note pondérée = (poids 1 x valeur 1) + (poids 2 x valeur 2) + … + (poids N x valeur N) / 100.
Par exemple : Cécile pense à quitter son travail actuel. Parmi toutes les options qu'elle a identifiées durant l'exercice, elle analyse celle de « faire une nouvelle formation en web design ». Voici ce que cela donne pour Cécile :

Option : « Faire une nouvelle formation en web design »					
Avantages	Poids	Valeur	Inconvénients	Poids	Valeur
Me sentir stimulée	100 %	10	Cumuler travail et formation	90 %	10
Rencontrer de nouvelles personnes	50 %	10	Diminution de mes réserves d'argent pour financer	70 %	9
Valoriser ce diplôme dans mon travail actuel	20 %	3	Le planning personnel sera serré	80 %	9
Me lancer en autoentrepreneur	60 %	5			
Note pondérée : (100 x 10) + (50 x 10) + (20 x 3) + (60 x 5) / 100 = 18,6			Note pondérée : (90 x 10) + (70 x 9) + (80 x 9) / 100 = 22,5		

Dans cet exemple, Cécile peut se rendre compte que, malgré les nombreux avantages, les inconvénients ont un impact considérablement plus important. Cela lui permettra de trier les différentes options analysées.

ÉTAPE 7 : examinez les scores totaux pour chaque option. Dans l'exemple, l'importance des inconvénients pèse plus lourd que celle des avantages de l'option « faire une nouvelle formation ».

ÉTAPE 8 : une fois que vous aurez éliminé les options dont les inconvénients pèsent trop, réfléchissez à la manière dont chaque option restante résonne avec vos valeurs personnelles et ce qui est important pour vous.

ÉTAPE 9 : notez ce que votre corps et vos émotions vous disent concernant chaque option. À ce stade, ce que nous ressentons peut nous donner un aperçu de ce qui nous convient le mieux.

ÉTAPE 10 : maintenant que vous avez une meilleure vision des options et de leurs implications, il est possible de prendre une décision en tenant compte de l'analyse objective de vos émotions et valeurs.

ÉTAPE 11 : engagez-vous dans la décision prise, faites une première action et soyez prêt à ajuster les choses si nécessaire.

EXERCICE 13 : ARBRE DES DÉCISIONS

INDICATIONS : dès que vous remarquez que vous avez une pensée négative ou une rumination.

MATÉRIEL : papier crayon au début, puis de manière mentale.

RÉALISATION : vous allez pratiquer cet exercice durant 5 à 10 jours consécutifs. Une fois dans la journée minimum, mais idéalement chaque fois que vous êtes confronté à une pensée négative ou rumination, où la résolution de problèmes peut s'appliquer.

SUIVEZ LE SCRIPT SUIVANT : notez en haut de la feuille la pensée qui vous préoccupe (exemple : « je n'aurais pas dû envoyer cet e-mail »).

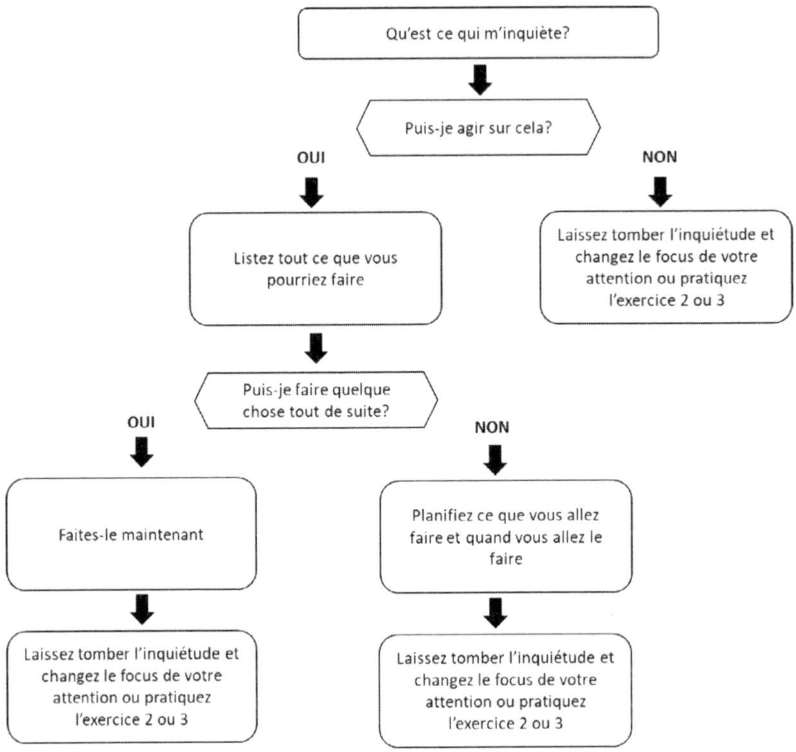
Qu'est ce qui m'inquiète?
Puis-je agir sur cela?
OUI
NON
Listez tout ce que vous pourriez faire
Laissez tomber l'inquiétude et changez le focus de votre attention ou pratiquez l'exercice 2 ou 3
Puis-je faire quelque chose tout de suite?
OUI
NON
Faites-le maintenant
Planifiez ce que vous allez faire et quand vous allez le faire
Laissez tomber l'inquiétude et changez le focus de votre attention ou pratiquez l'exercice 2 ou 3
Laissez tomber l'inquiétude et changez le focus de votre attention ou pratiquez l'exercice 2 ou 3

EXERCICE 14 : MÉDITATION POUR SURMONTER LA PEUR DE L'ÉCHEC

INDICATIONS : se confronter à ses peurs pour pouvoir les surmonter.

MATÉRIEL : vous aurez besoin de vous poser dans un endroit calme et d'être installé dans une position assise confortable. Évitez la posture avachie. Maintenez votre posture droite mais sans tension. Au besoin, utilisez des coussins pour vous caler. Si cela vous convient et si cela est possible pour vous, utilisez un coussin ou banc de méditation, chaise ou fauteuil. Il est important que vous soyez bien installé et que vous puissiez rester le plus immobile possible durant l'exercice. Le corps doit être posé pour que l'esprit puisse s'asseoir !

RÉALISATION : la durée de l'exercice dépendra de votre disponibilité, mais plus votre pratique sera longue, plus vous entraînerez votre capacité à tolérer les pensées, à rester présent à vos sensations corporelles et à maintenir le focus de votre attention. De manière générale, l'exercice dure au minimum 20 minutes. Réalisez une méditation d'ancrage, puis suivez les étapes ci-dessous.

ÉTAPE 1 : faites venir dans le champ de votre conscience une pensée en lien avec la peur de l'échec. Par exemple : « Si je ne fais pas tout à la perfection, je vais échouer » ; « Je n'ose pas essayer, car je sais que je vais échouer »... Observez cette pensée comme si c'était une inscription sur une feuille blanche. Sans jugement. Et étiquetez-la mentalement comme « pensée de peur ». Observez sa forme, le nombre de mots, le nombre de lettres... puis laissez-la partir ou s'effacer, en revenant doucement à votre respiration.

ÉTAPE 2 : revenez à votre respiration. Recentrez-vous sur vos sensations physiques. Sentez le poids de votre corps sur la chaise, écoutez les sons autour de vous et soyez conscient de votre respiration.

ÉTAPE 3 : pratiquez la bienveillance envers vous-même : offrez-vous des paroles bienveillantes. Imaginez que vous parlez à un ami cher et encouragez-vous avec des phrases comme : « Tu es capable d'apprendre et de grandir », « Tu es plus que tes peurs, et tu n'es pas défini par tes erreurs »... C'est très important de vous parler mentalement ici à la troisième personne, comme si vous étiez une personne si chère à vos yeux que vous souhaitez l'encourager et l'aider à reconnaître sa force et sa valeur.

ÉTAPE 4 : imaginez-vous en train de faire face à une situation où vous pourriez ressentir la peur de l'échec. Visualisez-vous en train de gérer la situation avec calme et confiance. Ressentez la sensation de maîtrise et d'acceptation.

ÉTAPE 5 : revenez à votre respiration. Recentrez-vous sur vos sensations physiques. Sentez le poids de votre corps sur la chaise, écoutez les sons autour de vous et soyez conscient de votre respiration ; et, en même temps, prenez quelques instants pour réfléchir à vos forces et à vos succès passés.

EXERCICE 15 : RÉÉQUILIBRAGE DES STANDARDS PERSONNELS

INDICATIONS : gérer ses tendances perfectionnistes et la critique de soi excessive.

MATÉRIEL : papier, crayon.

RÉALISATION : vous allez pratiquer cet exercice durant 5 à 10 jours consécutifs. Une fois dans la journée. La durée de réalisation est variable, mais il ne faut pas que ce soit trop long. Réservez au maximum 10 minutes de votre temps. Cela vous obligera à être succinct et objectif.

Identifiez une situation où vos attentes envers vous-même sont excessivement élevées (travail, projet personnel, interactions sociales…). Notez les pensées perfectionnistes qui surgissent lorsque vous pensez à cette situation. Par exemple : « Je dois tout faire parfaitement », « Si je ne réussis pas à 100 %, je suis nul »… Pour chacune de ces pensées, demandez-vous : « Quelles sont les preuves réelles qui soutiennent cette pensée ? » et « Y a-t-il des preuves qui contredisent cette pensée ? » Par exemple, si vous pensez que si tout n'est pas parfait c'est forcément nul, demandez-vous si vous avez déjà accompli quelque chose de bien malgré une imperfection. Mettez ces pensées au défi en générant des pensées alternatives plus réalistes et bienveillantes. Par exemple : « Je m'efforce de faire de mon mieux, mais personne n'est parfait », « La plupart du temps, les autres ne remarquent pas les détails que je remarque, et c'est souvent le résultat global qui compte », « L'importance réside dans l'effort et l'apprentissage, pas seulement dans le résultat final »…

CLÔTURE : testez vos nouvelles pensées dans la pratique. Lorsque vous vous retrouvez face à une situation où votre perfectionnisme surgit, appliquez ces nouvelles pensées alternatives. Observez comment cela change votre approche et votre ressenti par rapport à la situation.

EXERCICE 16 :
MÉDITATION DE LA BIENVEILLANCE

INDICATIONS : pratiquer la bienveillance envers soi et les autres.

MATÉRIEL : papier, crayon.

RÉALISATION : vous aurez besoin de vous poser dans un endroit calme et d'être installé dans une position assise confortable. Évitez la posture avachie. Maintenez votre posture droite mais sans tension. Prévoyez 10 à 30 minutes selon votre disponibilité.

ÉTAPE 1 : pendant 2 à 3 minutes, concentrez-vous sur les sensations de votre respiration.

ÉTAPE 2 : dirigez intentionnellement votre attention sur l'observation des sensations présentes aux points de contact de votre corps sur le support. Ressentez les sensations au niveau de vos pieds, de vos jambes, de vos cuisses, de vos hanches, en étant curieux de ce que vous notez. Soyez présent aux sensations que vous notez, et maintenez votre attention dans cette exploration. Notez ces sensations qui vous permettent de ressentir la stabilité de votre position assise... Amusez-vous à explorer avec curiosité ces sensations pendant quelques instants. Faites l'expérience de la stabilité à travers ces sensations de votre corps en lien avec votre assise.

ÉTAPE 3 : dirigez, avec bienveillance et fermeté, votre attention sur l'exploration de la verticalité de votre posture. Ressentez la sensation d'élévation de votre posture, en parcourant avec votre attention les sensations d'élévation qui partent du bas de votre dos et qui se prolongent au-delà du sommet de votre tête. Soyez attentif et curieux pour faire l'expérience de cette sensation de verticalité et d'élévation. Vous pouvez imaginer un fil d'or qui se déroule depuis le bas de votre dos et qui parcourt toute votre colonne vertébrale, et qui vous élève en se prolongeant par-delà le sommet de votre tête. Faites l'expérience de cette élévation qui participe à votre sentiment de stabilité de l'instant présent.

ÉTAPE 4 : tout en restant présent à ces sensations de stabilité, portez votre attention aux sensations et aux mouvements de votre respiration. Dirigez votre attention au niveau du ventre, et observez de manière attentive la façon dont cette partie de votre corps accompagne vos inspirations et expirations. Sans rien modifier dans l'expression naturelle de votre respiration, tout en laissant celle-ci être ce qu'elle est, ressentez ce qui vous permet de savoir que vous inspirez et que vous expirez. De la même manière, continuez à explorer de manière attentive votre respiration au niveau du thorax, au niveau du nez, de la bouche, de la trachée... Sentez comment votre corps s'ajuste au doux va-et-vient de vos inspirations et expirations... Faites l'expérience du calme de cet instant et des sensations de votre corps qui respire ici et maintenant.

ÉTAPE 5 : durant les étapes précédentes, il y a peut-être un endroit en vous, une sensation que vous avez observée, où il était plus facile, plus agréable de poser son attention. Cela peut être en lien avec une sensation corporelle de contact – avec le support sur lequel vous avez choisi d'être, votre posture ou vos mains entre elles – qui vous permet de faire l'expérience de la stabilité de cette position... Quoi qu'il en soit, faites-vous confiance et amenez avec douceur et fermeté toute votre attention dans l'observation des sensations de cet endroit en vous. Ancrez votre attention dans cet endroit, et faites l'expérience du calme de cet instant. Restez ainsi le temps souhaité, ancré, posé.

ÉTAPE 6 : tout en maintenant cet état de présence à vous-même et de calme en lien avec votre ancrage, suivez les étapes suivantes :

- à l'inspiration, dites-vous : « Je me souhaite… [souhaitez-vous ce qui est bon pour vous : paix, santé, calme…] »
- à l'expiration, pensez à quelqu'un de votre entourage à qui vous souhaiterez la même chose…

Répétez ce processus autant de fois que nécessaire et avec toutes les personnes qui vous viendront en tête.

EXERCICE 17 :
LISTE DE MES RÉUSSITES

INDICATIONS : prendre conscience des aspects positifs, combatifs et résilients de son expérience personnelle.

MATÉRIEL : papier et crayon.

RÉALISATION : sur votre feuille de papier, listez vos réalisations passées de toute sorte (grandes ou petites) : les voyages, les projets personnels ou professionnels, des choses apprises, des expériences... Incluez vraiment tout ce dont vous êtes fier – qu'il s'agisse de défis surmontés, de compétences acquises, de moments de prise de risque, de petits ou de grands exploits... Méditez sur ce que vous ressentez en voyant cette liste. Continuez à l'enrichir au fil du temps... Disposez de 10 minutes environ.

EXERCICE 18 : PAUSE D'ÉVALUATION CONSCIENTE

INDICATIONS : lorsque vous constatez que vous êtes en train de ruminer, prenez une pause consciente.

MATÉRIEL : aucun.

RÉALISATION : suivez les étapes ci-dessous.

ÉTAPE 1 : fermez les yeux. Focalisez-vous sur votre respiration, et notamment sur les sensations physiques en lien avec celle-ci (l'effleurement de l'air dans vos narines, les mouvements de votre ventre, de votre cage thoracique…), sans modifier son intensité, sa profondeur ou son rythme. Sentez l'air qui rentre et qui sort dans votre corps. Disposez de 2 à 3 minutes.

ÉTAPE 2 : observez les pensées qui surgissent, et tentez de les voir comme des nuages traversant votre champ de vision. Ne vous accrochez pas à leur contenu, notez-les de manière très factuelle, et laissez-les passer.

EXERCICE 19 : MÉDITATION OUVERTE SUR LES SONS

INDICATIONS : recentrer l'attention, et créer une distance entre les sensations du corps et les réactions émotionnelles intenses.

MATÉRIEL : aucun.

RÉALISATION : réalisez une méditation d'ancrage (voir exercice 6), puis poursuivez. Durée à partir de 30 minutes.

Tout en restant présent à cet endroit en vous où poser votre attention vous permet de faire l'expérience du calme et de la stabilité de l'instant présent, élargissez votre attention afin d'accueillir tous les sons qui vont et qui viennent dans votre expérience d'ici et maintenant. Du mieux que vous pouvez, plutôt que de catégoriser ces sons, observez de manière descriptive et neutre leur tonalité, leur fréquence, leur timbre, leur hauteur… Si un son particulier capte votre attention, faites l'effort d'élargir votre attention pour accueillir tous les sons, comme s'ils faisaient partie d'une seule et unique mélodie, la mélodie du silence. Entraînez-vous avec amusement et curiosité à jouer avec le focus de votre attention en éloignant celle-ci des sons, tandis que vous revenez à l'observation de vos sensations en lien avec votre ancrage ou la respiration, et vice versa…

EXERCICE 20 :
MARCHE CONSCIENTE RYTHMÉE

INDICATIONS : renforcer la conscience des effets du stress sur le corps, et apaiser un état d'anxiété ou d'agitation mentale.

MATÉRIEL : aucun.

RÉALISATION : marchez de manière consciente selon l'instruction suivante : soyez très attentif aux sensations en lien avec la marche et la respiration. Ralentissez, marchez le plus lentement possible (même si vous avez envie de le faire plus rapidement). Inspirez lentement et profondément pendant que vous faites trois pas, retenez votre souffle pendant deux pas, expirez durant les trois prochains pas. Répétez ce cycle autant que nécessaire.

Il est possible de remplacer la marche par un autre type de mouvement (ouvrir et fermer les mains de manière alternée par exemple, ou bien soulever légèrement et alternativement l'avant des pieds du sol…).

EXERCICE 21 : PRATIQUE DE L'ÉCRITURE EXPRESSIVE

INDICATIONS : favoriser l'expression et la régulation des émotions, ainsi que l'intégration des expériences émotionnelles difficiles.

MATÉRIEL : papier et crayon, chronomètre.

RÉALISATION : assurez-vous d'être dans un endroit calme et confortable où vous ne serez pas dérangé. Prenez quelques instants pour vous détendre, en respirant profondément. Cet exercice est personnel et unique pour chacun. Laissez-vous guider, et ne vous inquiétez pas de produire un résultat parfait. Cette pratique peut être utilisée régulièrement pour aider à gérer le stress, à libérer des émotions et à mieux se comprendre.

ÉTAPE 1 : fermez les yeux et prenez quelques respirations profondes pour vous centrer. Prenez conscience de vos émotions et des pensées qui vous traversent. Rappelez-vous que vous écrivez pour vous libérer et vous comprendre, sans jugement.

ÉTAPE 2 : identifiez une émotion (ou un thème) sur laquelle vous souhaitez écrire.

ÉTAPE 3 : pendant 10 à 15 minutes, écrivez sans vous arrêter ni vous censurer. Laissez les mots couler librement. Leur cohérence n'a pas d'importance. Écrivez tout ce qui vous vient à l'esprit à propos de l'émotion que vous avez choisie. Ne vous inquiétez pas de la structure grammaticale ou de l'orthographe.

ÉTAPE 4 : explorez votre émotion en profondeur. Posez-vous des questions telles que : « Pourquoi je ressens cela ? », « Comment cela affecte-t-il ma vie ? », « Quels sont mes peurs ou mes espoirs liés à cela ? »

ÉTAPE 5 : relisez ce que vous avez écrit. Observez vos émotions, vos réflexions et les schémas de pensée qui ont émergé. Prenez conscience de ce que vous avez appris sur vous-même.

ÉTAPE 6 : terminez la session d'écriture en prenant quelques respirations profondes, en pratiquant la méditation d'ancrage décrite dans l'exercice 6 ou la respiration décrite dans l'exercice 8. Soyez reconnaissant envers vous-même d'avoir pris ce temps pour vous comprendre et vous libérer.

Si vous le souhaitez, continuez à réfléchir sur ce que vous avez écrit au fil des jours. Vous pourriez remarquer de nouvelles perspectives et des changements dans votre compréhension de vos émotions.

EXERCICE 22 : STIMULATIONS BILATÉRALES POUR INTÉGRER DES ÉMOTIONS DIFFICILES

INDICATIONS : lorsque vous ressentez une émotion difficile et que vous reconnaissez sa composante, son expression physique.

MATÉRIEL : aucun.

RÉALISATION : suivez les étapes ci-dessous.

ÉTAPE 1 : fermez les yeux. Focalisez-vous sur votre respiration, et notamment sur les sensations physiques en lien avec celle-ci (l'effleurement de l'air dans vos narines, les mouvements de votre ventre, de votre cage thoracique...), sans modifier son intensité, sa profondeur ou son rythme. Sentez l'air qui rentre et qui sort dans votre corps.

ÉTAPE 2 : observez l'état émotionnel dans lequel vous êtes et, si possible, nommez-le. Il y aura des pensées qui surgiront, mais ne vous focalisez pas dessus ; tentez de les voir comme des nuages traversant votre champ de vision. Ne vous accrochez pas à leur contenu, notez-les de manière très factuelle et laissez-les passer. Demandez-vous quelle sensation dans votre corps vous permet de noter l'état émotionnel dans lequel vous êtes. Concentrez-vous sur cette sensation le plus possible (cela va l'amplifier un peu au début, c'est normal).

ÉTAPE 3 : croisez vos bras en papillon, comme si vous vouliez vous embrasser, et faites des tapotements alternés sur vos épaules tout en respirant profondément avec cette sensation. Faites des pauses régulières pour réévaluer votre état, et si besoin recommencez. Vous pouvez varier le rythme et l'intensité de vos tapotements selon votre ressenti.

EXERCICE 23 : UTILISER LE REGARD ET LE CORPS POUR SE POSER

INDICATIONS : lorsque vous ressentez une émotion difficile, avec une composante physique importante ou non.

MATÉRIEL : aucun.

RÉALISATION : suivez les étapes ci-dessous.

ÉTAPE 1 : fermez les yeux. Focalisez-vous sur votre respiration, et notamment sur les sensations physiques en lien avec celle-ci (l'effleurement de l'air dans vos narines, les mouvements de votre ventre, de votre cage thoracique…), sans modifier son intensité, sa profondeur ou son rythme. Sentez l'air qui rentre et qui sort dans votre corps.

ÉTAPE 2 : observez l'état émotionnel dans lequel vous êtes et, si possible, nommez-le. Demandez-vous quelle sensation dans votre corps vous permet de noter l'état émotionnel dans lequel vous êtes.

ÉTAPE 3 : modifiez la position de votre corps. Bougez votre corps avec attention et douceur, afin de trouver – en modifiant votre assise, votre posture, l'emplacement de vos bras – une position dans laquelle cette sensation émotionnelle vous semblera moins intense (peu importe si la position de votre corps qui permet cela est peu naturelle pour vous).

ÉTAPE 4 : tout en vous maintenant dans la position trouvée à l'étape 3, respirez calmement et, avec vos yeux, balayez la pièce dans laquelle vous êtes jusqu'à fixer votre regard sur un point qui vous apporte un peu plus de soulagement. Restez ainsi quelques instants, puis réévaluez votre état, et recommencez si nécessaire.

EXERCICE 24 : REPOS ET RÉCUPÉRATION SENSORIELLE

INDICATIONS : lorsque vous ressentez que vous êtes submergé par les stimulations sensorielles. Sensation d'être trop sollicité.

MATÉRIEL : aucun. Endroit calme durant au moins 10 minutes : bouchon ou casque antibruit, cache-yeux, couverture lestée et/ou coussins.

RÉALISATION : suivez les étapes ci-dessous.

ÉTAPE 1 : allongez-vous dans le noir, mettez votre casque antibruit, votre cache pour les yeux, et recouvrez-vous avec la couverture lestée, un édredon, ou bien posez quelques coussins sur vous : tête, dos ou ventre, jambes.

ÉTAPE 2 : fermez les yeux. Focalisez-vous sur votre respiration, et notamment sur les sensations physiques en lien avec celle-ci (l'effleurement de l'air dans vos narines, les mouvements de votre ventre, de votre cage thoracique...), sans modifier son intensité, sa profondeur ou son rythme. Sentez l'air qui rentre et qui sort dans votre corps.

EXERCICE 25 : IDENTIFIER CE QUI FAIT PESER LE REGARD DE L'AUTRE SUR VOUS

INDICATIONS : prendre conscience que le regard des autres sur nous n'a d'impact que lorsqu'il vient résonner avec une croyance ou une opinion que nous avons de nous-mêmes.

MATÉRIEL : papier et crayon.

RÉALISATION : suivez les étapes ci-dessous.

ÉTAPE 1 : identifiez les émotions et les pensées que vous avez face aux remarques, avis, opinions ou comportements de personnes dont le regard pèse sur vous.

ÉTAPE 2 : répondez aux questions suivantes :

- Qu'est-ce que cette remarque, cette opinion, cet avis ou ce comportement me fait penser à propos de moi-même ?
- Ce que cela me fait penser de moi-même est-il une vérité absolue et objective ?
- Est-ce que tout le monde serait du même avis que moi ?
- Comment ce serait, si je ne pensais pas cela de moi-même dans cette même situation ? Comment je pourrais réagir, me sentir ?

EXERCICE 26 : IDENTIFIER CE QUE L'ON FAIT CONTRE SOI-MÊME

INDICATIONS : identifier les attitudes et comportements qui vont à l'encontre de nos désirs et projets.

MATÉRIEL : papier et crayon.

RÉALISATION : dessinez un cercle au centre de la feuille, et notez à l'intérieur de celui-ci ce que vous aimeriez ressentir le plus souvent, expérimenter le plus souvent, obtenir… dans la vie.

ÉTAPE 1 : fermez les yeux. Focalisez-vous sur votre respiration, et notamment sur les sensations physiques en lien avec celle-ci (l'effleurement de l'air dans vos narines, les mouvements de votre ventre, de votre cage thoracique…), sans modifier son intensité, sa profondeur ou son rythme. Sentez l'air qui rentre et qui sort dans votre corps.

ÉTAPE 2 : notez, autour de ce cercle, tous les comportements, décisions, attitudes que vous avez qui vous éloignent de votre objectif au centre.

EXERCICE 27 : PRENDRE CONSCIENCE DE CE QUI EST NÉCESSAIRE

INDICATIONS : prolongement de l'exercice 26. Identifier les comportements à adopter à la place des attitudes d'autosabotage.

MATÉRIEL : un papier, un crayon.

RÉALISATION : dessinez un cercle au centre de la feuille, et notez à l'intérieur de celui-ci ce que vous aimeriez ressentir le plus souvent, expérimenter le plus souvent, obtenir… dans la vie.

ÉTAPE 1 : fermez les yeux. Focalisez-vous sur votre respiration, et notamment sur les sensations physiques en lien avec celle-ci (l'effleurement de l'air dans vos narines, les mouvements de votre ventre, de votre cage thoracique…), sans modifier son intensité, sa profondeur ou son rythme. Sentez l'air qui rentre et qui sort dans votre corps.

ÉTAPE 2 : notez, tout autour de ce cercle, tous les comportements, décisions, attitudes que vous devriez adopter pour vous rapprocher le plus de votre objectif au centre.

EXERCICE 28 : REFROIDIR SA TÊTE, LITTÉRALEMENT

INDICATIONS : lorsque vous ressentez que vous êtes submergé par une émotion très difficile et intense qui doit être calmée rapidement.

MATÉRIEL : un lavabo rempli d'eau la plus froide possible et des glaçons (en option).

RÉALISATION : plongez votre visage entier dans l'eau, en retenant votre souffle pendant au moins 40 secondes. Répétez l'opération deux ou trois fois. Au contact de l'eau froide, et en apnée, notre corps génère un réflexe d'immersion qui est une réponse physiologique à un état de menace physique. Cette réponse génère une détente émotionnelle, car elle stimule la réponse vagale.

EXERCICE 29 :
MIEUX GÉRER SA COLÈRE

INDICATIONS : lorsque vous ressentez que vous êtes submergé par une colère importante.

MATÉRIEL : papier et crayon.

RÉALISATION : suivez les étapes ci-dessous.

OPTION 1 : sollicitez votre corps. Faites quelque chose qui vous sollicite beaucoup physiquement : sport, ménage, rangement, jardinage...

OPTION 2 : occupez votre esprit : engagez-vous de manière active dans une tâche, comme chanter une chanson à voix haute, lire à voix haute...

OPTION 3 : créez des sensations fortes. Goût : croquez un citron ou un piment, ou du gingembre. Odorat : sentez une huile essentielle assez forte mais pas désagréable. Toucher : manipulez des objets que vous pouvez presser ou dont la texture est intéressante. Ouïe : écoutez de la musique attentivement. Vue : cherchez à observer les détails d'un tableau, d'un dessin, d'un paysage, jouez à « trouver les différences ».

EXERCICE 30 :
DÉVELOPPER LA GRATITUDE

INDICATIONS : stimuler sa capacité à reconnaître ce que chaque personne ou situation nous apporte de positif.

MATÉRIEL : papier et crayon.

RÉALISATION : suivez les étapes ci-dessous.

ÉTAPE 1 : partagez la feuille en deux colonnes.
En haut de la première colonne, écrivez : « Qui ? »/« Quoi ? ».
En haut de la deuxième colonne, écrivez : « Pourquoi ? » (objet de gratitude : qu'est-ce cette personne ou situation vous apporte de bon ?).

ÉTAPE 2 : complétez les colonnes. Par exemple :
Pierre : son humour. Mon chat : son affection. Faire du sport : sensations agréables…

MOT DE LA FIN

Nous aspirons tous à une amélioration de notre bien-être, mais sommes-nous réellement prêts à investir les efforts nécessaires pour y parvenir ? La capacité de l'être humain à maintenir son endurance et sa persévérance face à des défis persistants reste une question en suspens. Toutefois, les sportifs nous démontrent que cette capacité est atteignable. Un athlète développe son endurance en s'entraînant avec rigueur et détermination. Il se plonge pleinement dans la pratique et la répétition de chaque mouvement nécessaire à son succès.

De plus, la persévérance du sportif découle de sa conviction en ses capacités. Cette conviction est nourrie par le souvenir de ses entraînements passés et par sa passion pour son sport, plutôt que par les récompenses ultimes. La motivation du sportif réside dans sa capacité à cultiver sa passion pour l'amélioration constante, et non dans les résultats finaux.

Prenons l'exemple d'un gymnaste qui souhaite remporter une compétition sans pour autant apprécier les efforts et la discipline nécessaires à un entraînement quotidien. Le sportif est conscient de sa responsabilité dans le maintien de sa condition physique. Pourquoi ne devrions-nous pas être également responsables de notre bien-être psychologique ?

Certes, un sportif peut subir une blessure malgré ses précautions, tout comme nous pouvons être confrontés à des épreuves psychologiques indépendantes de notre volonté. Cependant, contrairement à la responsabilité évidente que ressent un sportif envers sa guérison physique, notre responsabilité envers notre bien-être mental semble parfois moins évidente.

Je tiens donc à être franche: je peux vous fournir les outils nécessaires, mais vous êtes responsable de leur utilisation. Vous devez reconnaître votre part de responsabilité dans votre manière de fonctionner et dans l'entretien de votre bien-être mental. Vous avez le choix entre laisser les choses suivre leur cours naturel et vous entraîner activement pour améliorer votre santé psychologique. La balle est dans votre camp.

J'espère que ce guide vous a apporté non seulement des outils, mais aussi un niveau de compréhension plus approfondi de votre fonctionnement. Mieux se connaître permet d'accéder plus facilement à la compassion vis-à-vis de soi et des autres.

Conception graphique et mise en pages : Soft Office

Achevé d'imprimer en septembre 2024
sur les presses de la Nouvelle Imprimerie Laballery
58500 Clamecy
Dépôt légal : septembre 2024
Numéro d'impression : 408597

Imprimé en France

La Nouvelle Imprimerie Laballery est titulaire de la marque Imprim'Vert®